本书由国家自然科学基金青年科学基金项目"动态环境下'双元双面'人力资源柔性能力的形成及作用机制研究"（项目编号：71702131）资助出版

动态环境下人力资源柔性能力的形成及作用机制研究

刘翔宇　著

知识产权出版社
全国百佳图书出版单位
—北京—

图书在版编目（CIP）数据

动态环境下人力资源柔性能力的形成及作用机制研究 / 刘翔宇著 . —北京：知识产权出版社，2020.7

ISBN 978-7-5130-6997-7

Ⅰ.①动… Ⅱ.①刘… Ⅲ.①人力资源管理—研究 Ⅳ.① F243

中国版本图书馆 CIP 数据核字（2020）第 099924 号

内容提要

外部环境瞬息万变，本书探寻适应外部环境、与战略需求相匹配的差异化人力资源管理模式，追踪和挖掘异质性人力资源柔性能力的形成及作用机制，以期为企业实现组织变革、战略转型提供借鉴和启示。

责任编辑：李 娟　　　　　　　　　　责任印制：孙婷婷

动态环境下人力资源柔性能力的形成及作用机制研究
DONGTAI HUANJING XIA RENLI ZIYUAN ROUXING NENGLI DE XINGCHENG JI ZUOYONG JIZHI YANJIU

刘翔宇　著

出版发行：知识产权出版社 有限责任公司	网　　址：http://www.ipph.cn
电　　话：010-82004826	http://www.laichushu.com
社　　址：北京市海淀区气象路 50 号院	邮　　编：100081
责编电话：010-82000860 转 8363	责编邮箱：laichushu@cnipr.com
发行电话：010-82000860 转 8101	发行传真：010-82000893
印　　刷：北京中献拓方科技发展有限公司	经　　销：各大网上书店、新华书店及相关专业书店
开　　本：787mm×1092mm　1/16	印　　张：15
版　　次：2020 年 7 月第 1 版	印　　次：2020 年 7 月第 1 次印刷
字　　数：200 千字	定　　价：68.00 元
ISBN 978-7-5130-6997-7	

出版权专有　侵权必究

如有印装质量问题，本社负责调换。

前 言

进入 21 世纪,我们迎来了以互联网和大数据为依托,以信息技术、生物技术等新兴产业为主导的第四次产业革命。科学技术的发展日新月异,对经济、社会、文化及人类自身都产生着深远的影响,更是颠覆了传统的商业模式和组织形态,以及个体与组织、组织与组织、企业与市场之间的关系。这无疑对处于竞争风口的中国企业提出了新的挑战,为了在瞬息万变的外部环境下生存发展,企业逐渐向规模小型化、结构扁平化、边界模糊化和组织网络化的方向发展。与此同时,各种柔性化的组织形态,如三叶草组织、联邦制组织、网络平台组织以及"小组织群"或组织生态圈等应运而生。

外部环境的瞬息万变,一方面可以促使组织形态的丰富化,另一方面能够驱动传统的、刚性的人力资源管理模式向创新、敏捷、专业化和网络化的方向转变:人力资源柔性配置逐渐盛行,以"非典型雇佣""组合雇佣""差异化管理"等为代表的柔性策略风靡并愈益显示出多样性特征。

然而，学术界对这一问题的研究仍显不够。其一，多将雇佣关系与人力资源管理两大领域进行割裂性而非整合性研究；其二，缺乏从柔性视角将战略、组织与人力资源管理三者融为一体，难以凸显人力资源管理对于组织变革与战略转型的关键性作用；其三，对揭示"人力资源管理—组织绩效"作用机理的中介变量的选取过于随意，缺少坚实的理论和实践支撑，导致"黑箱误区"（使原本混沌的内在机理更加复杂，无法清晰透视各种"黑箱"的本质特征和传导路径）。

基于上述理论与实践背景，遵循人力资源管理对企业的战略性作用，本研究拟以人力资源管理构型或特定人力资源管理模式为切入点，探索人力资源柔性能力的形成及作用机制。揭示企业如何通过结构性、差异化的人力资源实践系统，培育和构建人力资源柔性能力，发挥人力资源管理的多重适配作用，探索组织绩效的提升途径和过程机制。具体而言，本研究试图回答以下问题。

（1）为应对复杂和动态的外部环境，组织和人力资源管理模式正在经历哪些急剧的、前所未有的变化？人力资源配置及其管理柔性化是否正在成为一种趋势或企业的必然选择？经典理论与相关研究能否诠释这些变化？企业的实践能否提供理论创新或理论建构的基础和源泉？

（2）企业的人力资源管理是否也经历了单一人力资源实践—人力资源实践簇或捆绑—人力资源实践构型的演变过程？依据何种现实的组织与战略演变逻辑能够将这些人力资源实践进行科学的归类或形态划分，以检验其特定的绩效表现？

（3）人力资源管理构型或特定人力资源管理模式，如何与外部环境、企业战略及其他组织要素之间发生互动和适配关系？人力资源柔性能力作为战略适配性的本质特征，在企业人力资源管理构型或特定人力资源管理模式对组织绩效的作用中，如何发挥着中介效应？

针对上述议题，本研究借鉴"结构—行为—绩效"（structure-conduct-performance，SCP）经典范式，归纳出"人力资源管理构型/类型—人力资源柔性能力—多维组织绩效"的分析框架，旨在构建柔性组织视野下的具有中国特色的人力资源战略适配模式。

本书运用包括文献研究、扎根研究、案例研究、实证研究等多种质性与量化方法，逐层展开三个板块的研究。

第二章和第三章构成了本书的理论研究板块。其中，第二章论述柔性组织理论、战略人力资源管理理论、动态能力理论等，奠定了全书的理论基础；第三章进行相关文献综述，并构建了全书的整体研究框架。

第四章和第五章构成了本书的质性研究板块。其中，第四章采用扎根研究方法，探索人力资源双元柔性能力结构维度与作用机制；第五章采用案例研究方法，揭示基于人力资源战略匹配性和双元柔性的柔性组织创建的动态过程。

第六章至第八章构成了本书的实证研究板块。其中，第六章为多重匹配下柔性人力资源管理构型、技能延展力与组织成长性绩效；第七章为平台型人力资源经理（human resource manager，HRM）、人力资源双元柔性能力与组织创新绩效；第八章为核心—边缘型人力资源管理、人力资源柔性能力互动关系与组织适应性绩效，理清不同人力资源管理模式与柔性能力的复杂联动关系，从而探索和验证差异化人力资源柔性能力的形成及作用机制。

本书是国家自然科学基金青年科学基金项目"动态环境下'双元双面'人力资源柔性能力的形成及作用机制研究"（项目编号：71702131）的部分研究成果，包括笔者及合作者在项目进行期公开发表在学术期刊上的论文，也包括一些仍在探讨之中、尚未成型的研究成果。书中的很多观点和结论是带有探索性质的，肯定会有诸多不完善甚至疏漏之处。恳请学术界、实践界的专家们进行批评与指正。

刘翔宇

天津师范大学管理学院

2020 年 3 月 17 日

目　录

第一章　绪论 … 1
第一节　研究背景 … 1
一、现实背景 … 2
二、理论背景 … 5
第二节　研究问题、内容与创新点 … 8
一、研究问题 … 8
二、研究内容 … 8
三、研究创新点 … 10
第三节　研究方法、技术路线和结构安排 … 12
一、研究方法 … 12
二、研究思路与技术路线 … 14
三、本书的结构安排与内容 … 15

第二章 理论基础与研究依据············20

第一节 柔性组织及其创建理论············21
一、柔性组织的内涵与性质············21
二、柔性组织的理论形成············21
三、柔性组织及其创建理论············26

第二节 适配视角的战略人力资源管理理论············28
一、SHRM 研究的关注点············28
二、SHRM 研究视角的演变············28
三、战略适配性与 SHRM 研究命题的演进············33

第三节 资源基础理论与动态能力理论············36
一、资源基础理论············36
二、动态能力理论············38
三、小结与启示············41

第三章 文献综述与研究框架············43

第一节 人力资源管理实践系统的构型分析研究············44
一、人力资源管理实践系统的内涵与特征············44
二、构型法及其在 SHRM 中的应用············46
三、基于竞值架构的人力资源管理实践构型············54

第二节 双元能力研究············61
一、双元能力的理论渊源············62
二、双元能力的构成要素与互动关系············63
三、双元能力的影响因素············67

四、双元能力未来研究展望⋯⋯⋯⋯⋯⋯⋯⋯⋯⋯⋯⋯⋯⋯⋯⋯73

第三节　人力资源柔性研究与人力资源双元柔性能力的提出⋯⋯⋯⋯⋯⋯⋯⋯⋯74

　　一、管理学视角的柔性内涵与特征⋯⋯⋯⋯⋯⋯⋯⋯⋯⋯⋯⋯74

　　二、人力资源柔性的内涵及其维度划分⋯⋯⋯⋯⋯⋯⋯⋯⋯⋯77

　　三、人力资源双元柔性能力的提出⋯⋯⋯⋯⋯⋯⋯⋯⋯⋯⋯⋯81

第四节　组织绩效：内涵与测量⋯⋯⋯⋯⋯⋯⋯⋯⋯⋯⋯⋯⋯⋯⋯89

　　一、内涵与功能⋯⋯⋯⋯⋯⋯⋯⋯⋯⋯⋯⋯⋯⋯⋯⋯⋯⋯⋯89

　　二、构成要素与维度划分⋯⋯⋯⋯⋯⋯⋯⋯⋯⋯⋯⋯⋯⋯⋯⋯90

　　三、本研究的组织绩效界定与测量⋯⋯⋯⋯⋯⋯⋯⋯⋯⋯⋯⋯91

第五节　研究框架与理论建构⋯⋯⋯⋯⋯⋯⋯⋯⋯⋯⋯⋯⋯⋯⋯⋯92

　　一、研究框架及基本脉络⋯⋯⋯⋯⋯⋯⋯⋯⋯⋯⋯⋯⋯⋯⋯⋯93

　　二、理论基础及研究框架⋯⋯⋯⋯⋯⋯⋯⋯⋯⋯⋯⋯⋯⋯⋯⋯93

第四章　人力资源双元柔性能力结构维度与作用机制的扎根研究⋯⋯⋯⋯95

第一节　研究背景与研究问题⋯⋯⋯⋯⋯⋯⋯⋯⋯⋯⋯⋯⋯⋯⋯⋯95

第二节　理论基础⋯⋯⋯⋯⋯⋯⋯⋯⋯⋯⋯⋯⋯⋯⋯⋯⋯⋯⋯⋯⋯97

　　一、人力资源柔性能力的内涵界定⋯⋯⋯⋯⋯⋯⋯⋯⋯⋯⋯⋯97

　　二、人力资源柔性能力的维度结构⋯⋯⋯⋯⋯⋯⋯⋯⋯⋯⋯⋯97

　　三、人力资源柔性能力的作用机制研究⋯⋯⋯⋯⋯⋯⋯⋯⋯⋯99

第三节　研究设计⋯⋯⋯⋯⋯⋯⋯⋯⋯⋯⋯⋯⋯⋯⋯⋯⋯⋯⋯⋯100

　　一、研究方法⋯⋯⋯⋯⋯⋯⋯⋯⋯⋯⋯⋯⋯⋯⋯⋯⋯⋯⋯⋯100

二、数据收集 …………………………………………………… 100

第四节　数据分析 ………………………………………………… 102

　　一、开放性编码 ………………………………………………… 103

　　二、主轴编码 …………………………………………………… 109

　　三、选择性编码 ………………………………………………… 110

　　四、理论饱和度检验 …………………………………………… 110

第五节　概念模型与作用机制模型的构建与阐释 ………………… 110

　　一、概念模型构建 ……………………………………………… 110

　　二、作用机制模型构建 ………………………………………… 113

第六节　结论与启示 ……………………………………………… 115

　　一、研究结论与理论贡献 ……………………………………… 115

　　二、管理启示 …………………………………………………… 116

　　三、研究展望 …………………………………………………… 117

第五章　基于人力资源管理战略匹配性和双元柔性的柔性组织创建过程的案例研究 ………………………………………………… 118

第一节　柔性组织的研究基础 …………………………………… 119

第二节　研究设计 ………………………………………………… 121

　　一、研究方法 …………………………………………………… 121

　　二、案例选择 …………………………………………………… 121

　　三、案例资料的获取 …………………………………………… 122

第三节　案例描述与分析 ………………………………………… 122

　　一、相对刚性阶段（1984—1998年） ………………………… 124

二、有限柔性阶段（1998—2012年）·································125
　　三、全面柔性阶段（2012年至今）·································126
第四节　案例讨论与结论···129
　　一、案例讨论与发现···129
　　二、研究结论与启示···132

第六章　多重匹配下柔性人力资源管理构型、技能延展力与组织成长性绩效···134
第一节　研究背景···135
第二节　理论基础···137
　　一、构型观理论···137
　　二、基于多重匹配的柔性人力资源管理构型······················138
　　三、动态能力理论与技能延展力······································140
第三节　研究假设与研究模型··141
　　一、柔性人力资源管理构型与组织成长性绩效··················141
　　二、技能延展力在柔性人力资源管理构型与成长性绩效间的中介作用···143
第四节　研究方法···145
　　一、样本与数据收集···145
　　二、测量工具··148
第五节　统计分析···149
　　一、信度与效度分析···149
　　二、同源方差与多重共线性检验······································151

三、描述性统计和相关性分析 …………………………………… 151
　　四、假设检验 …………………………………………………… 151
第六节　结论与启示 ……………………………………………………… 155
　　一、研究结论 …………………………………………………… 155
　　二、理论贡献 …………………………………………………… 156
　　三、管理启示 …………………………………………………… 157
　　四、研究局限与未来展望 ……………………………………… 158

第七章　平台型HRM、人力资源双元柔性能力与组织创新绩效 ………… 159
第一节　研究背景 ………………………………………………………… 160
第二节　理论基础与研究假设 …………………………………………… 161
　　一、理论基础 …………………………………………………… 161
　　二、研究假设 …………………………………………………… 163
第三节　研究设计 ………………………………………………………… 168
　　一、样本收集 …………………………………………………… 168
　　二、测量工具 …………………………………………………… 169
第四节　实证分析 ………………………………………………………… 171
　　一、信度和效度分析 …………………………………………… 171
　　二、同源方差与多重共线性检验 ……………………………… 173
　　三、变量相关性分析 …………………………………………… 173
　　四、直接效应检验 ……………………………………………… 174
　　五、中介效应检验 ……………………………………………… 177
第五节　研究结论与启示 ………………………………………………… 182

一、研究结论···182

　　二、理论贡献···184

　　三、管理启示···184

　　四、研究不足与未来展望·····································185

第八章　核心—边缘型人力资源管理、人力资源柔性能力互动关系与组织适应性绩效·················186

　第一节　理论基础与研究假设·····································187

　　一、核心—边缘型 HRM 与组织适应性绩效·············187

　　二、人力资源柔性能力互动关系的中介作用·············188

　第二节　研究设计···191

　　一、调查过程与样本特征·····································191

　　二、变量测量···192

　　三、数据分析和结果·····································192

　第三节　结论与意义·····································196

　　一、研究结论···196

　　二、研究意义···196

第九章　研究结论与研究展望·····································198

　第一节　研究结论和讨论·····································198

　　一、质性研究结论·····································198

　　二、实证研究结论·····································200

　第二节　理论贡献与实践启示·····································203

　　一、理论贡献···203

二、实践启示 206
第三节　研究局限与未来研究展望 207
　　一、研究局限性 207
　　二、未来研究展望 208
参考文献 210
后　记 237

第一章 绪 论

作为全书的导言部分，第一章的任务是介绍研究背景、研究主题、研究创新点和结构安排。本章包括三节：第一节主要介绍本研究的现实背景和理论背景，展现出研究的重要性；第二节阐述了研究问题、研究内容和可能的创新点，开启了后文的逻辑串联与内容展开；第三节介绍了研究方法、研究思路与技术路线，以及本书的结构安排与章节内容。

第一节 研究背景

管理学，包括其重要分支之一的人力资源管理，是融理论与实践为一体的研究领域。在不确定性日益加大的内外部环境下，人力资源管理面临的科学议题更加丰富和具有挑战性。选择本研究也出自对现实问题的思考和对众多研究成果的借鉴。

一、现实背景

（一）信息时代的技术创新颠覆了传统的商业模式与竞争环境

进入 21 世纪之后，科学技术的发展日新月异，对经济、社会、文化及人类自身都产生着深远的、不可估量的影响。互联网和大数据的迅猛发展，更是颠覆了传统的商业模式和组织形态，颠覆了个体与组织、组织与组织、企业与市场之间的关系。就企业组织而言，唯有顺应技术、经济、政治、社会等环境因素变化，不断进行战略转型和商业模式重构，方能在现代市场经济中求得生存与发展。

德鲁克（2009）所说的"信息社会"，是以互联网和大数据为依托，以信息技术、生物技术等新兴产业为主导的第四次产业革命为主要特征的。2013 年开始的德国"工业 4.0"战略，被认为是发起第四次产业革命的信号，不仅引发了欧美发达国家基于现代科学技术的竞争浪潮，也将中国的产业发展推到了变革和创新的风口浪尖。20 世纪 70 年代末中国实行改革开放，经济步入了新的历史阶段；近 10 余年兴起的互联网和大数据技术，又将企业推向了新的改革前沿。继获取了近半个世纪的"体制改革红利"和"人口结构红利"逐渐降温之后，企业能否在国际竞争中有赖于"科技红利"再次复兴？

科技创新战略、"中国制造 2025""互联网+"等未来科技、经济和社会规划的相继推出，使企业遇到了前所未有的挑战与机遇。现代科技催生了产业转型升级的必要性，产业转型升级的基础是数以万计的企业组织正在或将要被改变为"基于信息的组织"。

依据辩证法，当今外部环境的突出表现是多种因素的交织与互动所产生的矛盾现象，而矛盾又是活力的源泉。外部矛盾的应对最终有赖于组织对各种矛盾现象的平衡与掌控能力，这是组织与管理变革的内在逻辑，也是将柔性组织创建理论与动态能力理论作为本研究两大理论支柱和分析主线的目的之所在。

（二）组织变革驱动了人力资源配置与管理柔性化进程

当今时代，科技进步、制度变革和经济转型多重压力加大，加剧了企业经营环境的复杂、多变和不确定性，为了在变幻莫测的外部环境下生存发展，企业必须增强系统的适应性：一方面，通过对内部结构和流程的设计来适应技术理性的需要；另一方面，通过建立开放的组织、专业和团队边界来处理对外部环境的依赖，并实现两者的协调与配合。分层的组织结构设计实现了技术核心与外部环境的缓冲，用组织理性保护技术理性，在制度的和长期的层面上使组织获得灵活性，而在技术的和短期的层面上使组织获得确定性（Barnard, 1938；Selznick, 1948）。

企业的外在结构逐渐向规模小型化、结构扁平化、边界模糊化和组织网络化的方向发展。与此同时，一些企业开始积极探索和创建各种形式的柔性化组织，如三叶草组织（汉迪，2006a）、联邦制组织、超文本组织、网络平台组织，甚至裂变为原子化的"小组织群"或组织生态圈等（Volberda, 1997）。

组织变革进一步引致人力资源管理的变革。在这一逻辑下，人力资源管理也需要打破传统组织模式的"桎梏"和"束缚"，由传统的、刚性的人力资源管理模式向创新、敏捷、专业化和网络化等方向演进。人力资源职能外包、非正式/非典型用工、基于组织联盟关系的人力资源管理等多种形式的不断涌现，逐渐呈现出主体多元、功能柔性、形态多样等诸多特点。

换言之，信息化时代，一方面促使组织形态的丰富化，深层次地影响了组织内部的异质性和复杂结构化；另一方面，在市场化导向下，人力资源配置与管理模式自身也在急剧变化。因此，在柔性化的大背景下，追踪和挖掘引起组织柔性和人力资源结构变化的内在机制及效果，很有必要。

（三）人力资源柔性能力凸显了组织的战略价值实现

近几十年来，人力资源柔性策略风靡各国并愈益显示多元性特征。例如，欧盟国家推行的旨在促进灵活就业的雇佣柔性策略、美国高低端产业分离的劳动力混合配置策略、日本企业内及企业间的多能工培养和使用策略，以及以德国为典型的职业技能双元开发策略等。在绝大多数国家和一些产业的各类组织中，非典型雇佣和临时性雇佣都已成为盛行的用工形态。美国派遣和临时雇佣人员已占全部用工的22%，英国的自我雇佣者在2014年已经达到历史最高峰，占到从业人员的15%左右，欧洲仅派遣制用工就达到（企业用工的）14%，在经济衰退期及当前的复苏期，非典型雇佣比重一直居高不下，并有持续发展的态势（Cappelli & Keller，2013）。

与此同时，我国非正式/非典型雇佣形态的发展也极为迅速，已然成为企业降低成本、减少用工风险的重要途径。据不完全统计，仅劳务派遣用工已达3700万，一些行业或企业甚至高达50%~70%。2008年颁布、2012年修订的《中华人民共和国劳动合同法》，对非正式用工进行了严格规范，同时全面推行工资集体协商制度。对法律和政策的规制力度加大，引起了企业界和学术界的争议：一些反对强规制的观点认为，在经济环境不向好的情况下，企业需要缩小正式用工，加大非正式用工的规模和范围，获取劳动力的数量或雇佣柔性。如果再强化法律规制，就会增加企业的运营成本，特别是人工成本。其结果有可能将外部压力传导至企业内部，对企业和劳动者均造成负面影响。而支持的理由之一是雇佣柔性使用过度会使组织的技能柔性开发不足，并导致劳动力市场结构失调、劳动者收入差距扩大、劳资矛盾加剧、员工敬业度下滑、创新能力难以聚集，以及雇佣缺乏安全性等诸多问题的产生。

因此，寻找既适应日趋动荡的外部环境，又与企业自身发展，特别是战略需求相匹配的柔性人力资源管理模式和实践策略，是企业战略实现的必要条件和基本前提。

二、理论背景

与本研究相关的柔性组织及人力资源战略柔性管理等理论，产生于20世纪七八十年代的欧美国家学术界，已获得较为丰硕的成果。然而，近些年来外部环境发生了急剧的变化，特别是中国经济的崛起和中国企业的鲜活实践，使得这一发端于西方的理论研究大有继续推进之必要。为此，本研究拟选取以下理论缺口（research gap）作为进一步深入探索的突破口。

（一）人力资源管理与雇佣关系的研究趋于融合

企业雇佣形式转变不仅使得非正式员工群体兴起，而且分化了组织的人力资源系统：一方面，企业的人力资源管理开始转向以柔性雇佣为基础的配置管理方式，由关注"组织人"拓展为对"超组织人""跨组织人"的管理，关注员工与雇主、个体与企业的双赢甚至多赢策略。换言之，员工—组织关系正在发生着本质的改变，传统的、隶属性质的雇佣关系转变为平等互惠和互赢的业务合作关系是未来发展的必然趋势。另一方面，雇佣关系研究所追求的效率（efficiency）、公平（equity）、话语权（voice）三者之间的平衡，也需要以具体的人力资源管理实践为依托，在构建和谐雇佣关系中充分发挥其重要作用（巴德，2013）。

近代人力资源管理演变的历史表明，雇佣（产业）关系的分野催生了现代企业人力资源管理研究与实践；但新的技术、经济和社会环境变化，又使得人力资源管理与雇佣关系两个领域出现融合性的特征（何发平，2008）。对这种变化的动因、机制与特征需要用全新的理论解释，而雇佣关系与人力资源管理研究领域的分割，显然既无视新的实践变化，也阻碍了理论深化，因此大有将两者融合之必要。

（二）将人力资源柔性置于柔性组织框架的研究较为薄弱

以往对柔性组织的研究有两个缺陷：其一，大多聚焦于职能层次或某具体环节，如财务融资柔性、运营生产柔性、采购供应柔性、信息系统柔性等。这种倾向会引致将组织分割为独立的职能要素，从局部而非整体层面剖析组织柔性的问题。其二，缺乏从柔性和战略视角将战略、组织与人力资源管理三者整合在一起的研究。越来越多的企业实践已经证明，雇佣与人力资源管理是启动柔性组织变革的"最终阀门"，涉及员工激励、多元利益相关者、联盟合作关系维系等诸多复杂和敏感问题，关乎组织变革与战略转型的成败。

鉴于此，本研究拟以人力资源管理为切入点，探讨企业通过差异化的人力资源管理实践组合，培育人力资源柔性管理能力，最终达到组织目标，找到提升组织绩效的途径与过程机制，为该领域的拓展性研究进行有益的探索。

（三）对战略人力资源管理的"黑箱"探索任重道远

"人力资源管理—组织绩效"的"黑箱"揭示或中介机制探讨是战略人力资源管理研究的结点与枢纽，受到极大关注，也产生了大量研究成果。以往研究大致分为两类：以个体态度行为和组织能力为中介的研究。如以承诺、信任、工作满意度、知识技能、创新行为、角色外行为等员工个体态度和行为，或以知识管理能力、组织学习能力、自主创新能力、战略实施能力、社会网络能力等组织能力作为桥接变量，串联人力资源管理与组织绩效之间的关系。

虽然已有研究识别出很多中介变量，但是变量的选取较为随意和碎片化，可能形成"黑箱误区"，即为了揭示"黑箱"而刻意编造"伪黑箱"或"伪中介"。另外，"黑箱"作用路径和传导机制的厘清和挖掘较为薄弱，内在机理无法清晰透视，有待在特定理论视角的指引下，挖掘关键变量，将它们串联成逻辑关系链条，达到由点及面、丝丝入扣的效果，并不断地探究不同路径之间的替代互补效应，从而真正立体化、动态地呈现战略人力资源管理与组织绩效之间的复杂关系。

第二节 研究问题、内容与创新点

一、研究问题

基于上述现实背景和理论背景,本研究旨在深入探索的主要问题及研究目标设定如下。

(1)为应对复杂和动态的外部环境,组织和人力资源管理模式正在经历哪些急剧的、前所未有的变化?人力资源配置及其管理柔性化是否正在成为一种趋势或企业的必然选择?经典理论与相关研究能否诠释这些变化?企业的实践能否提供理论创新或理论建构的基础和源泉?

(2)企业的人力资源管理是否也经历了单一人力资源实践—人力资源实践簇或捆绑—人力资源实践构型的演变过程?依据何种现实的组织与战略演变逻辑能够将这些人力资源实践进行科学的归类或形态划分,以检验其特定的绩效表现?

(3)人力资源实践构型(形态)如何与外部环境、企业战略及其他组织要素之间发生互动和适配关系?人力资源柔性能力作为战略适配性的本质特征,在企业人力资源实践构型对组织绩效的作用中,如何发挥中介效应?

二、研究内容

依据上述研究议题,本书所要阐述的研究内容主要包括以下几个方面。

（一）核心概念的重新界定和扩展

在系统文献梳理和严谨逻辑推理的基础上，笔者对与本研究主题相关的核心概念的内涵和本质进行了深入挖掘和重新界定。主要包括："人力资源管理实践构型""人力资源双元柔性能力""人力资源管理的战略适配作用"等。例如，对人力资源实践进行识别、划分、归类、构型，挖掘人力资源实践的构成与组合特征；基于双元视角，确定"人力资源双元柔性能力"概念的内涵、细分维度，剖析其在战略人力资源管理中的中介效应；挖掘人力资源管理内部，及其与组织战略、组织结构、外部环境等多重匹配和动态适应关系。

（二）研究框架的构建

在理论推演和质性研究的基础上，选取资源基础观和动态能力观整合视角，借鉴"结构—行为—绩效"经典范式，遵循"资源组合—动态能力—组织绩效"的逻辑链条，归纳"人力资源管理构型/类型—人力资源柔性能力—多维组织绩效"的分析框架，探讨基于中国特色的柔性组织及其人力资源管理新模式。

（三）内在机理的探索

深入剖析人力资源柔性能力在人力资源柔性管理与组织绩效关系的"黑箱"中扮演的中介角色：这一中介效应的挖掘，是在特定人力资源管理模式（包括内柔导向型、外柔导向型、内外兼柔导向型、平台型、核心—边缘型）与组织绩效（包括效率性绩效、适应性绩效、成长性绩效、创新绩效）的关系框架下进行的，旨在厘清特定人力资源实践组合与特定绩效间关系链条的内在作用机理。

三、研究创新点

在借鉴吸收、大胆探索和锐意创新的指导思想下，本研究的主要贡献和可能的创新点如下。

（一）借鉴战略构型理论，提炼了人力资源管理构型，为探索人力资源差异化管理奠定了理论前提

参考竞值架构模型，对人力资源实践系统进行了内部解构和有机组合，形成了差异性的人力资源簇或捆绑；以企业战略、组织结构为维度，对该实践系统进行了分类与构型（Quinn & Rohrbaugh, 1983）。这一战略构型分析，体现了战略人力资源管理横纵、内外多重匹配的思想；有效识别出柔性组织较为典型的三种人力资源管理模式：内柔导向型、外柔导向型、内外兼柔导向型，为透视柔性组织的人力资源管理内部结构、探索人力资源差异化管理的战略效能奠定了较为坚实的研究基础。

（二）因循双元观，提出了"人力资源双元柔性能力"概念，扩展了战略人力资源柔性管理机制研究

借鉴傅博达等的柔性组织和双元能力理论，将人力资源柔性界定为是组织的一种具有"柔性悖论"特质，兼具稳态柔性和动态柔性的双元柔性能力。这种

立足于较高哲学层面的内涵界定，突破了以往人们对人力资源柔性的非结构化和同质性研究禁锢，丰富和拓展了"人力资源柔性"概念的内涵和本质特征。同时，也顺理成章地勾勒出"人力资源管理构型/类型—人力资源柔性能力—多维组织绩效"的研究脉络，为战略人力资源管理的"黑箱"机制和影响机理研究提供了理论探索与实证检验平台。

（三）探索了基于人力资源管理的中国柔性组织理论与实践模式

已有柔性组织理论，大都基于西方企业情境提出，分散于战略管理、组织变革和人力资源管理等多个研究领域，存在概念含混、体系分散等缺陷，且缺乏中国企业的实践验证。本研究通过对15家企业的深入调研、现场观察、中高级管理者访谈，以及对本土化标杆企业海尔集团的战略演化与组织发展的历程剖析，系统诠释了具有中国特色的、鲜活的柔性组织创建的动态过程，识别出组织演进中的多阶段、多结构特征，尤其凸显出在柔性组织构建中，人力资源管理的变革驱动和战略支撑作用。

（四）诠释并验证了人力资源柔性管理与组织战略的多重适配特征

现有聚焦战略适配性的人力资源管理研究，多关注于理论推演和逻辑梳理，一些实证研究也较为零散和缺乏系统理论支撑。本研究在经典理论的指导下，运用扎根方法对15家企业22位中高级管理者所做的访谈、对海尔集团的纵向案例探索，以及较大规模组织问卷的调研数据分析，较为系统和深入地揭示了人力资源管理多重战略适配性的综合效应和影响作用，并验证了战略适配性与柔性共存互补的观点，以及人力资源实践构型，通过人力资源双元能力桥接对组织绩效的作用机理。这种多阶段、多层面和多视角的结构性分析，既反映了外部环境变化与人力资源管理变革的现实，也有利于寻找到组织、战略与人力资源管理的互动关系与整合机制。

第三节　研究方法、技术路线和结构安排

一、研究方法

本研究综合运用文献研究、扎根研究、案例研究、德尔菲法、构型法、问卷调查法、统计分析法等研究方法，将质性研究与实证研究相结合，以深入分析和探讨"人力资源管理构型/类型—人力资源柔性能力—多维组织绩效"的内在作用机理。

（一）文献研究

本研究主要采用文献研究方法，一方面搜寻查阅了相关的公开出版物或图书，以及文档资料等；另一方面利用网络数据库，如中国知网（CNKI）、万方、维普等中文数据库，以及谷歌学术搜索（google scholar）、EBSCO 数据库、Wiley 数据库、ScienceDirect 数据库、Emerald 数据库等外文数据库，搜索和收集本研究问题相关的期刊论文、博硕士学位论文、会议论文等。通过该领域全面的文献阅读和梳理，整理和归纳学者们的观点和相关研究成果，分析已有研究的关注点和研究不足，探索本研究的研究聚焦点和突破口。

（二）扎根研究

本研究在 22 位中高层管理者访谈的基础上，运用扎根研究方法，将访谈资料和数据通过开放性编码、主轴性编码和选择性编码进行逐级加工和分析，探索和丰富核心概念的内涵，并且凭借"典范模型"，提炼出本研究的概念模型，为后续的实证研究奠定基础。

（三）案例研究

本研究通过海尔集团的探索性纵向案例研究，以鲜活的事实、事件印证扎根研究提炼的核心构念和理论框架的现实性。同时，也弥补了扎根研究基于特定时点、横截面分析的不足，体现了企业纵向的、动态的演化过程。

（四）德尔菲法

德尔菲法也称专家意见法或专家调查法，是一种质性研究方法。本研究在实证研究进行量表修订的时候应用德尔菲法，实质上是专家背对背地给予咨询建议，研究者通过与专家的多轮沟通和互动，不断修订和优化调查问卷的过程。

（五）构型法

基于类型学的构型方法，本研究借鉴竞值架构模式，选取组织战略和组织结构作为维度，对于人力资源实践进行划分、归类，从而透视人力资源管理内部结构，形成不同类型的人力资源实践组合、形态。

（六）问卷调查法

问卷调查法是管理学研究中最为普及的定量研究方法，其优点在于成本较低、收集数据速度较快、较为便利。本研究主要采用问卷调查方法进行数据发放和收集。在正式调查阶段，采用已经修订的正式调查问卷，进行大样本数据的收集和分析。

（七）统计分析方法

本研究主要凭借 SPSS19.0 和 MPLUS7.0 统计软件进行统计分析，具体统计方法包括：相关分析、方差分析、探索性因子分析、验证性因子分析、层级回归分析、路径分析、Bootstrap 分析等，对于本研究提出的研究假设进行验证。

二、研究思路与技术路线

本研究的思路如下：首先，在现实背景和理论背景的基础上，提出具有学术和实践价值的研究问题；其次，基于理论基础的回顾和相关研究的梳理，初步提出了整体研究框架；然后，通过质性研究（扎根研究和案例研究），提炼核心构念，构建概念模型，提出系列研究假设；最后，通过实证研究，进行数据分析和实证检验，验证本研究的理论框架和相关假设。据此，本研究的技术路线图如图 1.1 所示。

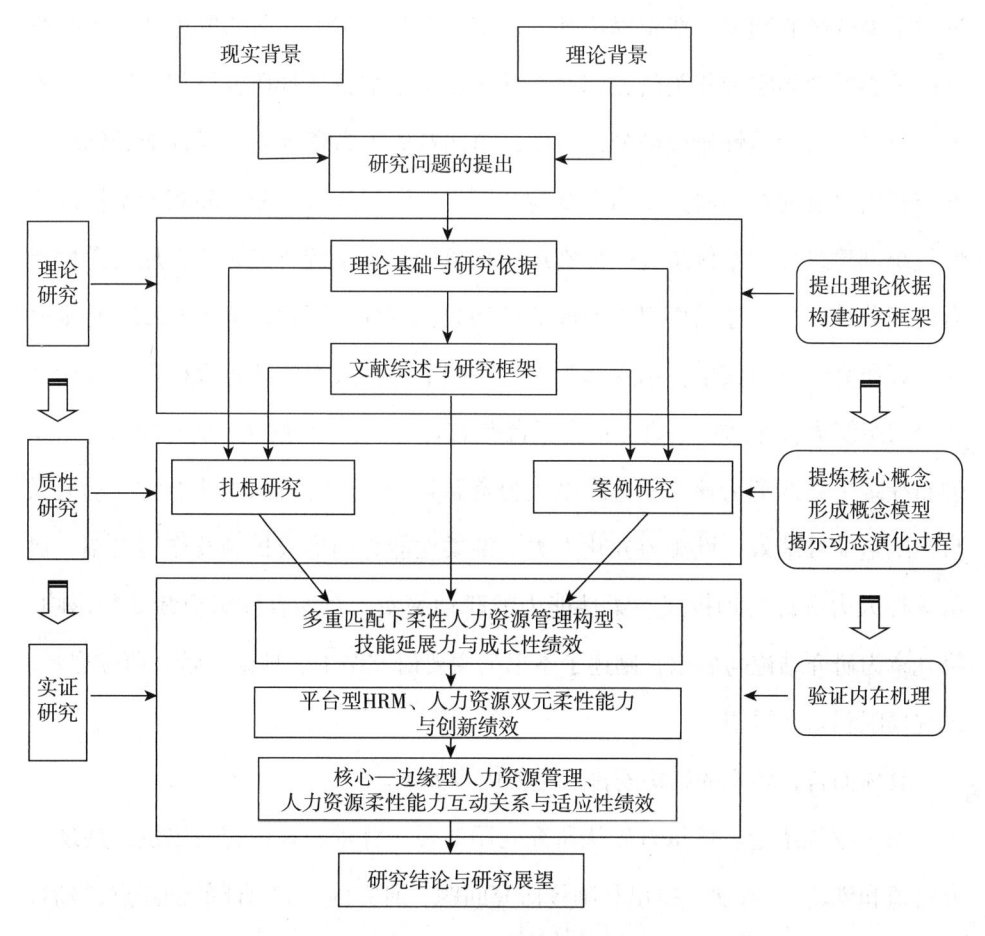

图 1.1 本研究的技术路线图

三、本书的结构安排与内容

本书共设计九章，第一章为绪论，提出研究背景和所研究的问题。第二章和第三章是全书的理论研究部分，其中，第二章为理论基础与研究依据，主要论述本书的核心理论，奠定理论基础；第三章为文献综述与研究框架，进行全书的核心概念界定和相关研究综述，并构建了全书整体的研究框架。第四章和第五章是全书的质性研究部分，其中，第四章为人力资源双元柔性能力结构维度与作用机制的扎根研究；第五章为基于人力资源战略匹配性和双元柔性的柔性组织创建过程的案例研究，分别运用扎根研究和案例研究方法，厘清柔性能力的细分维度，描述柔性组织形成的动态演化过程。第六章至第八章，是全书的实证研究部分，其中，第六章为多重匹配下柔性人力资源管理构型、技能延展力与组织成长性绩效；第七章为平台型HRM、人力资源双元柔性能力与组织创新绩效；第八章为核心—边缘型人力资源管理、人力资源柔性能力互动关系与组织适应性绩效，溯源差异化人力资源柔性能力的形成机制及作用机制，揭示柔性人力资源管理模式与柔性能力的联动关系，对综合性组织绩效的影响。第九章为研究结论与展望，阐述了本书的主要研究结论、理论贡献、研究启示、研究局限和未来展望。

具体而言，各章的结构安排及主要内容如下。

第一章为绪论。该章首先从研究问题的现实背景和理论背景出发，展现研究价值和创新点；其次，提出和阐释研究问题、研究内容和可能的创新点；最后，介绍了研究方法、研究思路、技术路线和结构安排等。

第二章为理论基础与研究依据。该章通过文献梳理，寻找相关基础理论作为本研究的理论依据：首先，介绍了柔性组织及其创建的相关理论，将其作为全文的重要理论基础，据此构建论文整体研究的基础构架，旨在探讨企业在动态多变的外部环境下，柔性组织和人力资源管理柔性的驱动过程；其次，结合研究主题，对适配视角的战略人力资源管理理论进行了重新梳理，包括SHRM

研究视角的演变（普适观、权变观、形态观）、人力资源管理的战略适配性探索，以及对人力资源管理与组织绩效作用机理的"黑箱"揭示研究等，以此作为中层理论和贯穿整体研究的逻辑链条；最后，评介资源基础理论和动态能力理论，作为人力资源双元柔性能力观点的提出依据，将其视为组织重要的动态能力之一，为进一步揭示人力资源实践构型与组织绩效产出及柔性组织创建的关键作用提供依据。

第三章为文献综述与研究框架。该章在第二章基础理论阐述的基础上，挖掘三大主要议题，为构筑本书的研究框架奠定理论和实证前提。首先，将人力资源管理构型作为柔性组织的驱动因素或前因变量，在系统文献阐述的基础上，运用构型法，区分差异化的人力资源实践系统类型；其次，在已有研究的基础上，确立本研究的核心概念：人力资源双元柔性能力的内涵、构成及功能定位；再次，扩展组织绩效和员工绩效的内涵与维度，以期更加多维、立体化地呈现和衡量组织绩效；最后，遵循"结构—行为—绩效"范式，构建"人力资源管理构型/类型→人力资源柔性能力→多维组织绩效"的影响机制分析模型，旨在解析异质性柔性能力在战略人力资源管理中的作用特征。

第四章为人力资源双元柔性能力结构维度与作用机制的扎根研究。该章借鉴扎根研究方法，意图提炼核心构念，挖掘人力资源实践构型的不同类型和差异性特征，探索人力资源柔性能力的内涵、前因及效果变量，进一步凝练概念模型，为后续的案例研究和实证研究提供基础。

第五章为基于人力资源战略匹配性和双元柔性的柔性组织创建过程的案例研究。该章运用单案例纵向研究方法，选取海尔集团为案例企业，观察和分析其30年的历程，一方面以事实、事件印证扎根研究凝练的核心构念和理论框架，另一方面剖析在改革开放的宏观大背景下，我国现代民营企业如何以战略人力资源管理为切入点，通过培养人力资源柔性能力，创建柔性企业的动态演化历程。

第六章重点研究多重匹配下柔性人力资源管理构型、技能延展力与组织成长性绩效。因循多重匹配理念，人力资源管理构型能够凝练出三种典型的柔性管理模式：内柔导向型HRM、外柔导向型HRM、内外兼柔导向型HRM，从而构建"柔性人力资源管理构型—技能延展力—成长性绩效"的理论框架。通过对企业中高层管理者调查问卷进行结构方程分析，验证出差异化柔性人力资源管理构型（内柔导向型HRM、内外兼柔导向型HRM、外柔导向型HRM）正向影响组织成长性绩效。技能延展力在柔性人力资源管理构型与成长性绩效之间扮演部分中介作用。技能延展力在内柔导向型HRM、内外兼柔导向型HRM、外柔导向型HRM与成长性绩效之间的中介作用依次降低。

第七章重点研究平台型HRM、人力资源双元柔性能力与组织创新绩效。本研究以双元悖论观为理论基础，构建"平台型HRM—人力资源双元柔性能力—组织创新绩效"理论分析框架，通过企业中高层管理者调研数据的实证分析，得出如下研究结论：平台型HRM"倒U型"影响组织创新绩效；人力资源双元柔性能力对创新绩效存在差异化影响，数量柔性负向影响创新绩效，功能柔性"倒U型"影响创新绩效；功能柔性在平台型HRM与组织创新绩效之间起着独立中介作用，数量柔性与功能柔性的平衡效应（|数量柔性—功能柔性|）在平台型HRM与组织创新绩效之间起着互动中介作用。

第八章重点研究核心—边缘型人力资源管理、人力资源柔性能力互动关系与组织适应性绩效。借鉴"结构—行为—绩效"经典范式，构建"核心—边缘型人力资源管理—人力资源柔性能力互动关系—组织适应性绩效"研究模型，根据 522 份调查问卷数据分析，得出以下研究结论：核心—边缘型 HRM 正向影响组织适应性绩效；人力资源柔性能力互动关系（替代关系、共存关系、平衡关系、互补关系）在核心—边缘型 HRM 与适应性绩效之间起着多重中介作用。

  第九章为研究结论与研究展望。该章首先从质性研究和实证研究两部分来归纳全文的研究结论；其次，提炼本研究的理论贡献及其对企业管理实践的启示；最后，提出本研究的缺陷与不足，并在此基础上对未来研究进行了展望。

第二章　理论基础与研究依据

本章和第三章构成了全书的理论研究板块，但是两者侧重点有所不同：本章论述柔性组织理论、战略人力资源管理理论、动态能力理论等，奠定了全书的理论基础；第三章进行相关研究综述，并构建了全书的整体研究框架。

本章通过文献梳理，寻找相关基础理论作为本研究的理论依据：首先，介绍了柔性组织及其创建的相关理论，将其作为全文的重要理论基础，据此构建整体研究的基础构架，旨在探讨企业在动态多变的外部环境下，柔性组织的驱动因素和驱动过程。其次，结合研究主题，从适配视角对战略人力资源管理理论进行了重新梳理，包括研究视角的演变（普适观、权变观、形态观）、人力资源管理的战略适配性探索等，以此作为中层理论和贯穿整体研究框架的逻辑链条。最后，评介资源基础理论和动态能力理论，作为人力资源柔性能力的研究依据，将其视为组织重要的动态能力之一，为进一步揭示人力资源管理构型与组织绩效产出及柔性组织创建中的关键作用提供依据。

第一节 柔性组织及其创建理论

一、柔性组织的内涵与性质

柔性组织（flexible organization / firm）或称柔性公司、柔性企业，有多种内涵界定和广义与狭义之分。广义的柔性组织是就组织整体而言，指可适应高度复杂和动态环境，能够有效地创造机会、高效地利用内外部资源，灵活弹性地改变战略重点并坚持特定战略方向的有机组织形式（傅博达，2005）。柔性组织通常具有一些外显的典型特征：扁平化的组织结构、分散决策、对模糊性的容忍、对员工授权、较强的企业再生能力和自组织单位等（Baden-Fuller，傅博达，2005）。

狭义的柔性组织是就组织的某项特定职能与结构特征及其变化而言。例如，早期有学者从人力资源配置的角度论及柔性组织，主要代表人物包括英国的汉迪和阿特金森。他们认为，通过变化人力资源的规模、结构或者配置方式，可促成组织柔性化进程或构建更加柔性的企业。

二、柔性组织的理论形成

最早的柔性组织概念或理论模型可追溯到汉迪（2006a，2006b，2006c）提出的"三叶草组织（shamrock organization）"构想和阿特金森（1984）的"灵活组织的人力资源战略（*Manpower strategies for flexible organization*）"一文，尽管两位学者关注的视角有所差别，但展现的柔性组织原型有异曲同工之处。此后，柔性组织理论研究进入了相对停滞的阶段。虽然雷帕克和斯奈尔（Lepak & Snell, 1999, 2002）、徐等人（1995, 1997）、卡佩利和凯特（Cappelli, 2013）等的相关研究都暗含着柔性组织的理念和思考，但并未明确指出或将其作为独立的研究议题。20世纪末荷兰学者傅博达（1996, 1997）对柔性组织创建的系统研究，将柔性组织理论向前推进了一大步。

（一）汉迪的三叶草组织

汉迪的三叶草组织特征是在1976年《组织的概念》一书中开始构思，但直到1980年他的第二本著作《工作与生活的未来（*The age of unreason*）》中才正式命名为"三叶草"组织。这种组织由三类工作者组成：核心人员、外包人员和弹性人员。其中后两种被他称为：拥有独特的顾客和项目组合的"组合式工作者（portfolio worker）"。

汉迪（2006b）认为，三叶草的第一片叶子是核心人员或专业核心员工，由资深专家、技术人员和管理人员组成。他们中大多受过良好的专业化培训，对组织是不可或缺的，因此会用高薪和额外福利等激励手段保留住这些员工，并期望他们为组织长期努力工作、履行义务、高度忠诚。

第二片叶子由外包人员或与企业存在契约关系的个人或组织构成。组织中将一些非核心的或边缘性的工作，承包给能够做得更出色或者能以更低的成本做得更好的外包人员来做。越来越多的企业通过组织网络的建构，已经成为20/80型组织，即80%的价值是通过组织外部人员或外包形式实现的，只有20%的价值是内部员工生产的。汉迪观察到一些日本的出口企业，长期以来依靠大量的外包实现高效率，而所谓的适时制（just-in-time）生产方式，实则为分包商要承担库存成本和担负生产延迟的责任，还要替承包商转嫁不确定性风险。与之相伴随的，在日本企业中实施的终身雇佣制员工，实际上在一些企业中只占其员工总数的 20%。

第三片叶子代表的是弹性或灵活性的劳动力部分，主要包括自我雇佣者或独立签约者（self-employed worker/independent contractor）、兼职人员、临时性员工等，他们中有一些被视为拥有独特的顾客组合和项目组合的"组合式工作者"。企业对这类劳动力的使用是为了应对市场需求的波动，以更快捷、更低的成本来满足多样化的消费者需求。

基于此，三叶草组织可认为是较早的、从企业的视角提出的柔性组织的设想和实践途径（见图 2.1）。

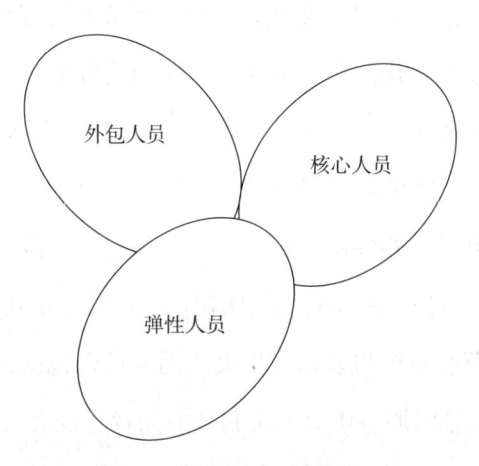

图 2.1　汉迪的三叶草组织

资料来源：汉迪，2006b. 工作与生活的未来 [M]. 北京：中国人民大学出版社：55-77.

（二）阿特金森的柔性组织模型

阿特金森（1984）针对当时英国等欧洲国家的劳动力市场刚性状态提出了著名的"柔性组织模型"，主要是从资源柔性配置的视角将人员做出类别和价值区分。"柔性组织模型"也称"核心——边缘模型"，在该模型中，阿特金森将企业的员工分为三个层次。其中，居于中心的核心员工（core worker），由管理人员、设计人员和技术人员等组成，作为具有组织专属技能的、在重要职位上的任职者，是企业战略性资源，应被企业内置化和长期拥有。为使他们掌握多样性技能、履行不同的职能和角色，企业应持续对他们进行人力资本投资、职业生涯开发和维系组织忠诚。

中间层是不具备组织专属技能或从事不重要工作的外围/边缘人员（peripheral or ring worker），是企业经营性资源和成本管理对象，与企业通过交易型契约建立间接或外部化的雇佣关系，对它们也可给予相对较低的待遇与福利。其中，中间层也由两类人员组成：第一个外围层为非全时制、具有某项特定技能的员工，公司一般不进行培训和开发投资，也不期望他们能在公司内进行水平或垂直流动；第二个外围层一般是短期契约员工，该层主要为公司提供数量柔性。该层次员工与公司之间的关系比较松散，属于正式或长期雇佣的员工。

最外层是通过商业契约与公司发生关系的人员，包括因业务外包、分包等而使用的外包、分包、临时服务中介人员和自雇佣者。该类人员是公司外聘人员，一般通过商业/业务契约为公司提供劳务服务，不存在直接的雇佣关系。企业会将一些次要的或内部缺少相应技能的工作交付外部人员，从而获得人力资源的数量柔性。

阿特金森（1984）的柔性组织模型是建立在这样的理论假设之上。为保证组织的竞争优势，对那些具有不易外获的组织专属性技能（firm-specific skill）的核心员工，应采取内部化管理方式，并关注该类员工队伍多技能的培养和开发，即创造企业的技能柔性；对那些具有通用性技能（general skill）的边缘性员工，企业可凭借与其的各种契约形式实施柔性配置，以缓冲市场波动，降低用工成本。两种策略的结合，可以达到通过外部人员的变动增加组织人力资源的冗余性（slack），并形成一种保护或缓冲机制，保护核心员工或内部劳动力市场的雇佣安全和稳定（见图2.2）。

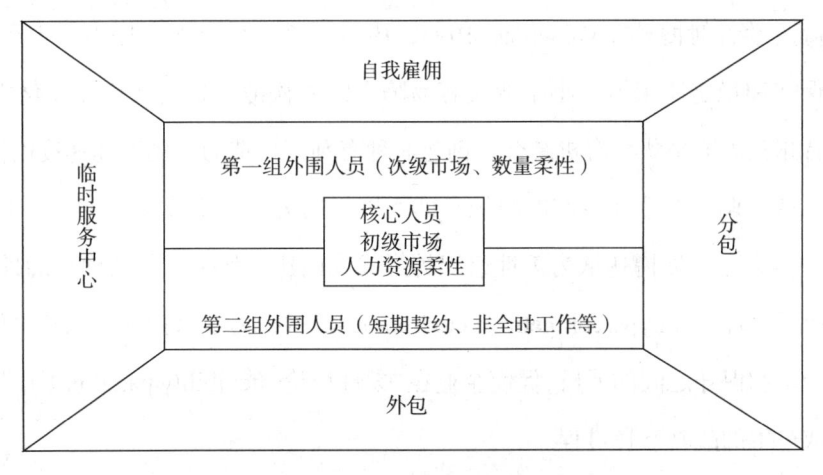

图2.2 阿特金森的柔性组织模型

资料来源：ATKINSON J, 1984. Manpower strategies for flexible organizations [J]. Personnel Management（8）: 28-31.

阿特金森的柔性组织模型有如下贡献：首次提出了数量柔性与功能柔性等相互独立又互相关联的概念（Atkinson，1984）；其次，关注到劳动力数量柔性与功能柔性的替代或互补关系；最后，倡导分割式的雇佣与人力资源管理实践。认为核心人员的使用能够保证组织的功能柔性，而外围和边缘人员的使用能够确保组织获得数量柔性。应该说，阿特金森（1984）的柔性组织理论比汉迪（2006a）的"三叶草组织"更聚焦于通过雇佣契约形式和人力资源配置模式的改变，达到降低人力成本、追求劳动生产率、聚焦企业能力的目标，亦最早设计了基于人力资源战略配置和管理效能的柔性组织框架。

三、柔性组织及其创建理论

荷兰学者傅博达（Volberda，1996，1997）通过系统观察提出，大企业容易被保守和稳定所束缚；小企业又容易陷入结构松散、缺乏战略和文化之中；若两者相互汲取精华、有机结合，创建一种有利于创造力、创新和速度的同时，也能保持协调、专注和控制的组织，即为理想的柔性组织或柔性企业（flexible firm）。换言之，傅博达认为柔性组织的形成或创建，就是在复杂动荡的外部环境或超竞争环境（hypercompetitive environment）中，为了保持和获取竞争优势，协调变革和保守之间的矛盾，促使企业在"柔性悖论（flexibility paradox）"中发展、演进或再生的战略选择过程。

借鉴多种理论，傅博达基于柔性悖论提出了三个假说：第一，柔性必须符合环境的动荡程度；第二，为了激活充分的柔性，组织条件的设计应具有适宜性，必须为柔性提供潜能；第三，变革和保守两者之间的关系必须持续地和环境动荡程度相适应。在上述基本假说的基础上，傅博达进一步提出了应对柔性悖论的三种组织形式：低度竞争环境下，采用刚性组织形式，拥有有限的柔性或稳态柔性（能力）；中度竞争环境下，采用计划组织形式，拥有以运营柔性为主导的综合柔性（能力）；高度或超竞争环境下，采用柔性组织形式，拥有以结构柔性和战略柔性为主导的柔性组合能力。

相对而言，傅博达的柔性组织理论较之前人的进步之处：一是对柔性组织理论做了更为全面和系统的阐述；二是将柔性组织创建纳入系统的战略演变过程；三是对传统的大型企业面对日益动荡的外部环境和内部条件变化，如何通过自身反省和自我变革能力的提升，实现自我复兴和柔性组织创建之路做了更为完整的理论诠释。

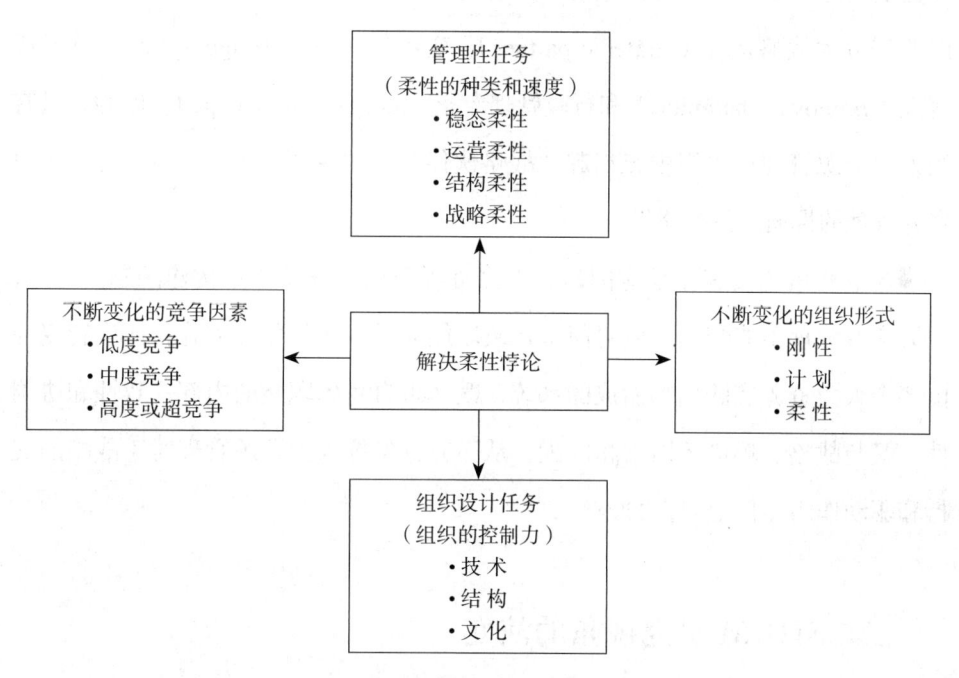

图 2.3 傅博达的柔性组织战略框架

资料来源：傅博达，2005. 创建柔性企业：如何保持竞争优势[M]. 北京：人民邮电出版社：1-9.

第二节 适配视角的战略人力资源管理理论

一、SHRM 研究的关注点

20世纪90年代前后，企业外部环境变化使组织间的竞争变得更加激烈。在西方战略管理思想的推动下，以职能导向的人力资源管理开始向以战略为导向的人力资源管理模式演化，人力资源管理的战略价值及地位和角色的转变问题更受关注（李隽，2014）。正如乌尔里希（1997）指出，人力资源管理的角色能够划分为战略伙伴（strategic partner）、变革代理人（change agent）、员工代言人（employee champion）和行政管理专家（administrative expert）四种，只有当人力资源管理在组织中充当起"战略伙伴"和"变革代理人"角色时，人力资源管理的性质才是战略性的。

与战略角色实施相呼应的是，人力资源角色实施及体系构建问题。显然，人力资源管理不能禁锢于应对简单行政职能而采取碎片化的措施，而应转变为由多个人力资源实践捆绑而成的系统，既体现自身各职能的内部一致性和协调性，又与战略、环境等因素相匹配，从而充分发挥人力资源管理对于战略的支持和驱动作用（程德俊，2009）。

二、SHRM 研究视角的演变

战略人力资源管理（SHRM）的研究兴起于20世纪八九十年代，其研究视角经历了由普适观（universalistic perspective）到权变观（contingency perspective），再到形态观（configurational perspective）的更迭。

（一）普适观的 SHRM

普适观是战略人力资源管理研究中传统和简单的方法，其基本假设是人力资源实践与组织绩效之间存在线性关系（Delery & Doty, 1996），认为不论何种行业、采用何种竞争战略的企业，只要实施了最佳的人力资源管理实践，就能带来更好的组织绩效。

早期国外研究识别出一些最佳人力资源实践，但未达成一致的结论。例如，普费弗和萨兰奇克（1978）识别出 16 种最佳人力资源实践，后来合并为 7 种，包括就业保障、对新员工的选择性雇佣、以自我管理的团队和决策的分权化作为组织设计的基本原则、以绩效为基础的薪酬、广泛培训、减少地位的差别和壁垒、分享财务信息和绩效信息等。德莱尼和休塞里德（1996）等认为最佳人力资源实践包括 8 个方面：人员甄选、绩效评估、激励性薪酬、职务设计、投诉处理程序、信息共享、态度评估和劳资关系；休塞里德和杰克逊（1997）在此基础上增加了人员筛选的程度、培训实践和晋升标准 3 个方面。德莱瑞和多蒂（1996）归纳了 7 种人力资源实践，即内部职业生涯的机会、正式的培训系统、绩效测评、利益共享、员工安全、倾听机制和岗位界定等。

对普适观的 SHRM 研究存在如下质疑：这种探索仅考虑了人力资源实践与组织绩效之间的简单线性关系，忽视了一些外部变量对人力资源管理与组织绩效之间关系的影响；忽略了组织情境因素的差异，将所有组织同质化，容易导致"不同的组织绩效仅与某项人力资源实践的实施与否相关，与组织差异性无关"

的研究误区；仅孤立考虑单一人力资源实践与组织产出之间的关系，无视人力资源实践簇或人力资源捆绑（HR bundles），即各管理环节间的互补作用和综合效应。

（二）权变观的 SHRM 研究

权变观的战略人力资源管理研究开发了人力资源管理与组织绩效之间的交互关系模型，强调自变量与因变量的关系主要取决于第三个变量，即权变变量或情境变量的影响。具体而言，该视角研究认为人力资源实践对企业绩效的作用受到多因素的影响，既包括组织内部因素，也包括组织外部因素；只有当人力资源管理活动与组织战略、组织结构、组织文化（刘善仕，彭娟，邝颂文 等，2009）、企业特征（蒋春燕，赵曙明，2004），以及多种外部情境等因素保持匹配时，才能对组织绩效起到正向影响（Miles & Snow，1984，1985）。

尽管基于权变观的 SHRM 研究更贴近企业现实，也更具有实践价值，但仍未深入到对人力资源管理系统内在结构的剖析，忽视了多元雇佣背景下，不同类型的人力资源实践及其组合特征。在一定意义上可以认为，权变视角仅能解释人力资源管理系统的表层变化，而非深层次的结构性变化。

（三）形态观的 SHRM 研究

形态观基于系统性的思维，认为系统中每一个要素都是该系统的有机组成部分，各要素在系统运行中相互发生作用，并使各自的性质和功能得以体现；只有在合理的系统结构型态中，整体协同功能才能大于其部分的相加总和；否则，整体功能受到"内耗"或生成负协同效应，则小于其部分相加总和（张一弛，李书玲，2008；张正堂，2012；彭娟 等，2013）。因此，形态观强调多变量之间的和谐（congruence）组合，强调变量之间的殊途同归（equifinality）效应（见图2.4），特别是同一组织（系统）内部的不同要素之间的差异化组合形态的相互关联和协同作用，可以达到理想的组织绩效（Martín-Alcázar et al.，2005）。

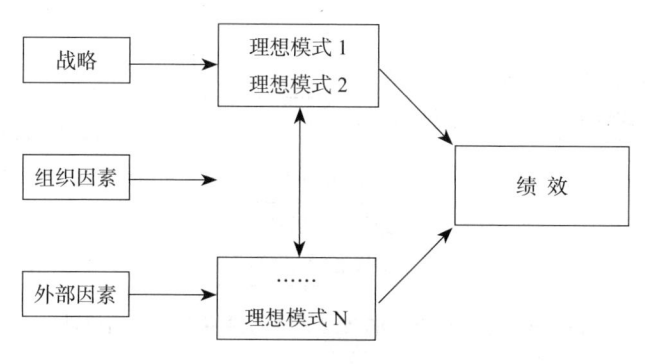

图 2.4　形态观的殊途同归假设

资料来源：MARTÍN-ALCÁZAR F, ROMERO-FERNÁNDEZ P M, SÁNCHEZ-GARDEY G, 2005. Strategic human resource management：integrating the universalistic, contingent, configurational and contextual perspectives[J]. The International Journal of Human Resource Management，16（5）：633-659.

基于形态观的战略人力资源管理体系所体现的多重匹配关系，强调了两个特征：其一，通过人力资源管理活动之间的相互补充和支持形成有效的人力资源系统形态，以实现最大化的横向匹配（horizontal fit）效应。美达菲（1995）提出，客观存在的"组织逻辑"（organizational logic）使得系统内各要素趋向一致性目标，达到互补效应。各人力资源实践行为间的有效组合（构型）能够对组织生产率产生更加积极的影响；同理，组合形态的影响大于组合内单个人力资源实践独立影响的总和。其二，只有同时达成多重适配——内部匹配（横向匹配和纵向匹配）和外部匹配关系时，特定组织系统才能有效运行并获得优秀的组织绩效（见图2.5）。

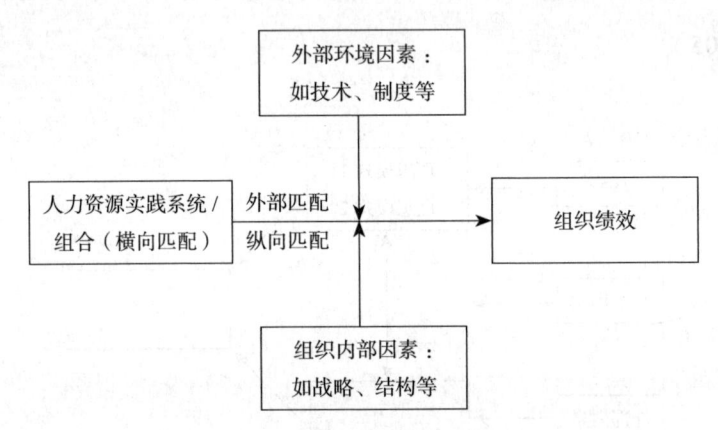

图 2.5 基于形态观的战略人力资源管理的作用机理

综上所述，三种理论视角都认同人力资源管理活动对改善或提升组织绩效的重要作用，也都致力于揭示两者之间的"黑箱"，即寻找运行过程的中介要素和中介效应。然而三种视角的理念各有侧重，体现了 SHRM 研究哲学的演进过程：普适观聚焦于最佳人力资源实践环节的单一或孤立的有效性，简化了人力资源实践之间的相互作用，忽略了管理的系统性。权变观强调了人力资源管理与组织绩效间的关系受到外部因素变化的影响，但大多强调纵向匹配（人力资源活动与组织其他要素的匹配）和外部匹配（与外部环境的匹配），忽视了人力资源管理内部要素的异质性及要素间的互补作用。形态观既关注人力资源实践的组合（combination）或捆绑（bundle）形态（pattern），也关注各种形态之间如何形成结构化的有机系统（system）或模式（mode），强调非同质性人力资源管理实践之间的协同效应。

三、战略适配性与 SHRM 研究命题的演进

如果说战略价值或组织的绩效表现是 SHRM 的关键目标和检验标准，那么在一定意义上说，战略适配性应是战略人力资源管理研究的核心命题之一，学术界对其的关注也经历了几次大的演变：其一，由静态匹配演变为动态匹配；其二，由关注外部匹配或情境匹配，转向内部（横向与纵向）匹配，进而演变为多重的系统匹配；其三，由割裂地探索适配性和柔性机制，发展为进行两者的整合性研究。

（一）静态匹配与动态匹配

战略人力资源管理的早期研究已引入匹配（fit）视角，但侧重静态考察，以时间为标识，认为在特定阶段内，外部环境是相对静态和稳定的。换言之，静态匹配显示了特定要素的需求、目标、结构等与其他要素的需求、目标、结构等在某特定时间点上的一致性程度。

为突出外部环境瞬息万变的特点，动态匹配的概念（alignment）被引入战略管理领域，并作为对传统适配性研究视角的补充，认为组织及内部关键要素需要与外部环境保持及时和动态的匹配，随环境变化而舞，通过不断获取"即时性竞争优势"（temporary competitive advantage）（Erickson，2007）来维系企业的难以被替代的可持续竞争优势（sustainable competitive advantage）。

（二）多重的系统适配

麦尔斯和斯诺（Miles & Snow, 1984）等指出，组织内的各组成部分之间存在密切关系，同时组织也需要与环境要素之间进行更多的互动，外部匹配（external fit）和内部匹配（internal fit）原则适用于组织的任一运行和管理系统。就人力资源系统而言，外部匹配不仅指与人力资源管理的外部市场、制度环境相匹配，如外部劳动力市场、相关的法律与政策等，也包括与企业特定发展阶段（development stage）的外部情境（context）或环境（environment）相匹配（Miles & Snow, 1985）。各系统和各要素之间需要相互融合，互为补充，达成差异化与整合化的平衡。

在 SHRM 研究中，为了凸显其战略地位和功能，内部匹配（internal fit）进一步细分为纵向匹配（vertical fit）与横向匹配（horizontal fit）。前者指人力资源管理必须与企业战略、组织结构、经营业务等相配合（Miles & Snow, 1985; Guthrie et al., 2001），进而才能影响组织绩效（Jackson, Schuler, 1995）；后者强调人力资源管理内部的各职能环节之间体现一致性（consistency），形成相互补充、互相支持的系统。

目前，越来越多的学者开始认同多重的系统适配关系，而非单一的刚性匹配，才能够帮助企业更好地应对不确定性加大的外部环境。

（三）战略适配性与柔性的整合

学术界对适配性与柔性之间的关系存在不同观点：一种观点认为，适配性与柔性负向相关，不能共存于组织内部；也有观点认为适配性与柔性两者相互独立，不存在相互作用或共同影响；但更多的学者从互补性观点出发（Miles & Snow, 1985；Milliman et al., 1991），认为适配性和柔性对于战略管理和组织有效性均具有关键性作用，它们是从不同角度帮助组织适应外部环境的变革，两者之间应该相容与整合。

理论上讲，适配性与柔性的差异在于：首先，"适配性"关注人力资源要素内部及与组织其他要素之间的界面（interface）关系和协调能力，而"柔性"更强调人力资源或员工队伍具备的多样性（diversity）、易变性（variety）和可塑性（malleability）能力。前者在组织要素关系中，更强调强匹配或被动匹配的逻辑；后者强调组织某一特定角色或职能系统通过自组织或自运行能力去适应其他要素或系统的能力，可视为一种松散、有伸张力的或自为型匹配。只有二者达到平衡与整合，才意味着与系统内部和外部实现了动态匹配（dynamic fit）与可持续匹配（sustainable fit）。赖特和斯奈尔（1998）指出，可将适配性和柔性囊括于统一的战略人力资源管理框架之下（见图2.6）：当外部环境越来越趋于动荡和竞争，柔性可以促进持续和动态适配性的实现；同时，持续和动态的适配性也为战略柔性的建立和存续奠定了基础。

据此，本研究认为，形态观与适配观有着内在关联，和效率达成逻辑：单独的人力资源实践和单一的职能体系都不能独自影响组织绩效，人力资源系统内外的要素捆绑或契合匹配，方能产生协同效应。而这种关系连接的纽带则是组织的战略需求。换言之，以战略适配性为切入点，可深入剖析兼具动态、多重、与柔性互补的战略人力资源实践系统在柔性组织创建过程中所扮演的角色与起到的作用。

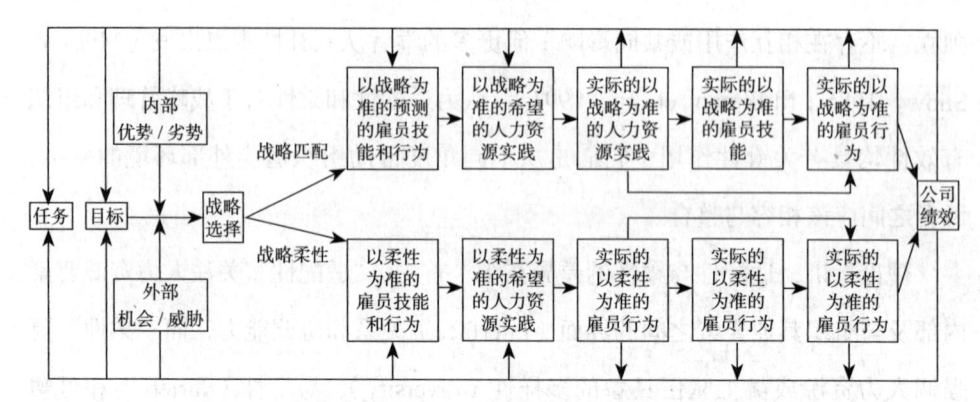

图 2.6 赖特和斯奈尔人力资源战略匹配与柔性的整合框架

资料来源：WRIGHT P M, SNELL S A, 1998. Toward a unifying framework for exploring fit and flexibility in strategic human resource management [J]. Academy of Management Journal, 23（4）: 756-722.

第三节 资源基础理论与动态能力理论

资源基础理论是早期战略人力资源管理的核心理论，该理论将"组织资源"作为获取和维持企业竞争优势的主要来源，拓展战略管理研究。然而，以静态为特征的资源基础理论，难以解释当前日趋复杂和不确定环境下的企业实践，并逐步被"动态能力理论"所取代。换言之，动态能力逐渐成为企业更为深层和潜在的特质，是当代企业更具可持续性的战略竞争源泉。

一、资源基础理论

20 世纪 80 年代中期，资源基础理论（resource-based view，RBV）逐渐成

为战略人力资源管理的核心基础理论，该理论认为不同组织的绩效差异是由企业拥有的资源及资源的异质性决定的，应从资源特性的角度解释组织核心能力（core competency）和持续竞争优势（sustained competitive advantage）的来源。资源基础观将对企业成功的关注由组织外部转入组织内部。一般认为，企业资源指组织拥有或可利用的要素，可分为三类：物质资源、人力资源和组织资源。其中，物质资源指有形的资源，包括机器、设备、厂房等；组织资源包括组织的报告系统、计划协调制度等；人力资源包括员工的知识、能力、技能、经验和洞察力等。

依据资源基础理论，只有当满足价值性（valuable）、稀缺性（rarity）、难以模仿性（imperfectly imitable）和不易替代性（substituability）四个特征时，才能称之为组织的核心资源或企业持久竞争优势的基础。巴尼和赖特（Barney & Wright，1998）就人力资源角色及在组织竞争优势获取中的作用进行了专门论述，提出了 VRIO 框架（价值—value、稀缺性—rarity、难以模仿性—inimitability、组织—organization），其中"O"特指人力资源管理实践所具有的组织化特征，其可在企业获取持续竞争优势中扮演战略伙伴（strategic partner）的角色。巴尼等人（2001）进一步指出，当企业将战略建立在具有路径依赖性、因果模糊性、社会复杂性的无形资源基础上，才能够获得更好的组织绩效。正因为人力资源及其管理具有价值、稀缺、难以模仿和组织化，以及路径依赖性、因果模糊性和社会复杂性等特性，所以被公认为企业的关键性战略资源。

资源基础观的提出为战略人力资源管理提供了理论基础和实践依据，例如：

其一，将个人所拥有的知识、技能、能力等（KSAO[1]）与组织资源的配置结合，提出了组织人力资本池的构建问题；其二，关注对人力资源管理行为的战略特征变化；其三，注重组织人力资源实践的系统性问题，即赖特和麦克马汉等人（2001）所指出的，由于单独的人力资源管理实践很容易被复制，无法成为战略资产，而人力资源实践捆绑或人力资源实践系统因具有不易模仿、不易替代的组织化特性，对构成组织竞争优势具有极大的潜力。

二、动态能力理论

（一）基本观点

尽管资源基础理论能够较好地诠释如何通过异质性的资源/能力来创造企业的竞争优势，但该理论暗含着这样的逻辑：组织的核心资源只能在特定时刻或特定情境下为企业获取竞争优势，但当条件和环境变化时，则竞争优势不能持续有效，甚至有可能导致企业陷入"竞争优势陷阱"。因此，随着资源基础理论的发展，战略资源不仅聚焦于资源本身，也囊括了组织能力，认为其是指企业配置、整合资源的能力，后者逐步演变为动态能力理论。

蒂斯、皮萨诺和肖恩（2007）提出了以追求迅速资源整合来获得动态环境下企业竞争优势的动态能力理论（dynamic capabilities view, DCV）。其中，"动态"指能够更新和追求与变化环境的一致性，这对于变化莫测的市场至关重要。"能力"注重企业在适应、整合、重塑内部和外部组织技能、资源、职能以匹配

---

[1] KSAO是人力资源管理中对员工职业岗位资质的描述模型。knowledge 为知识，skills 为技能，abilities 为本领，others 为其他。

变化环境的关键作用。动态能力理论强调将能力与资源有效区分——资源是静态的，能力是动态的，后者为使用和配置前者的能力，尤其是整合、重构、获取和放弃资源的过程中具备的对复杂市场环境的适应性，也反映了组织在既定的路径依赖和市场位置的前提下，获取创新的竞争优势的形式。

组织动态能力的特质受环境变化的影响较大，例如，在稳定或动态不显著的市场中，动态能力与传统的常规性、稳定性、控制力相似，通过特定化、可分析和稳定化的过程，能够获得可预测的结果；而在高速变化的市场或超竞争环境中，更加强调灵活和动态，依靠整合、重新构型、获取和释放资源，以匹配或重塑市场的变化，以应对、攫取、管理威胁和挑战，获取瞬时竞争优势。因此，在不确定环境下，动态能力是构建或维持公司竞争优势的主要源泉。

（二）研究视角

动态能力研究大都从两个视角切入。

其一，基于能力演进的视角。蒂斯（2007）将动态能力定义为企业整合、构建、重构内部和外部资源以应对快速变化的环境的能力。赫尔法特和彼得拉夫（Helfat & Peteraf, 2003）认为动态能力是有意图地创造、拓展或修改其所属资源的能力。温特（2003）进一步将其定义为用来拓展、修改、创造常规能力的高阶能力，可以创造、更新、保护独特的资源。动态能力决定了常规能力改变的速度，可以帮助企业的常规能力更好地进化。

其二，基于适配过程的视角，即将动态能力视为一种过程或模式。例如，艾森哈特和马丁（Eisenhardt & Martin, 2000）将其定义为一个具体的、可识别的战略或组织过程，如产品发展、战略联盟、战略决策和收购等。换言之，动态能力就是企业凭借整合、重构、获取、释放资源的能力来匹配甚至创造环境变化，使得企业获取新的资源配置，如市场诞生、碰撞、分裂、进化和消亡的组织或战略惯例。

（三）在 SHRM 的研究应用

相对于战略管理、市场营销、国际商务等领域，动态能力理论应用于战略人力资源管理领域的研究尚不多见，但有将其作为中介变量的研究，意图解释人力资本、人力资源实践、人力资源管理/系统等因素影响竞争优势/组织绩效提升的内在机制。例如，侯和王（2012）以 242 家高科技企业数据为依据，检验发现企业的动态能力能够部分中介人力资本对组织绩效的影响。王林、杨东涛和秦伟平等人（2011）根据 383 家中国医疗器械生产企业的调查数据，分析了新兴市场企业的高绩效人力资源系统在新产品成功的过程中，动态能力的部分中介作用。张炜、张拉娜和朱妙芬（2012）以我国中小企业为研究对象，检验出组织的动态能力在人力资源实践策略与组织创新绩效之间起显著中介作用。陈志军、徐鹏和唐贵瑶（2015）的实证分析发现，战略性人力资源管理、分权式组织结构和创业导向对企业绩效的促进作用均能通过动态能力的中介效应实现。

另有研究探寻了特定形式的动态能力在人力资源管理与组织绩效关系中的中介效应。例如，赖特等人（2001）指出，技能获取（skill acquisition）或知识管理能力（knowledge management）是人力资源系统驱动的动态能力，其通过释放已有员工和获取新员工的方式实现，有助于企业适应权变的外部环境，创造良好的绩效。贝克尔和休塞里德将战略实施能力视为重要的动态能力，分析了其桥接差异化的人力资源架构（differentiated HR architecture）与企业绩效的正向关系。林亚清和赵曙明（2013）将战略柔性作为一种典型的动态能力，探索其在构建高层管理团队社会网络的人力资源实践与企业绩效关系中所起到的中介作用。

三、小结与启示

综上所述，资源基础观关注企业内部，聚焦于企业的战略性、异质性资源组合，将具备价值性、稀缺性、不易模仿和替代或组织化特征的异质性资源组合/捆绑视为企业竞争优势的来源。但该理论存在过于侧重内部资源、忽略外部环境，以及静态的研究视角不能有效诠释快速变化的外部环境等缺陷。动态能力观（dynamic capability view，DCV）既关注企业的内部要素，也关注企业的外部环境，强调企业对外部环境的动态与适应能力与可持续性竞争优势之间的关联。因此该理论对于揭示当外部环境不确定性和复杂动态性增强时，企业如何根据自身的资源和能力禀赋来不断重构可持续性竞争优势的基础，有较强的解释力度。

基于此，本研究拟从RBV与DCV两大理论整合的视角出发，构筑本研究的核心理论框架。具体而言，以RBV的视角审视企业的具有独特性的人力资源或员工队伍，对其采用非同质化的方式进行组合配置和管理统筹，以深入挖掘组织人力资源实践组合及结构特征，检验其管理效果的异同性。与此同时，以DCV的视角解读人力资源柔性，将人力资源双元柔性能力视为组织的动态能力，揭示和检验其在人力资源实践组合与组织绩效中的中介效应。具体来说，本研究将以两大理论为依据，遵循"资源组合—动态能力—组织绩效"的逻辑链条，展开下文的理论建构与实证检验工作。

第三章　文献综述与研究框架

　　本章和第二章构成了全书的理论研究板块。本章在第二章理论阐述的基础上，挖掘主要议题，进行相关研究综述，为构筑本书的研究框架奠定理论和实证前提。首先，将人力资源管理构型（形态）作为柔性组织的驱动因素或前因变量，在系统文献阐述的基础上，运用构型法，区分人力资源实践系统的差异化类型；其次，在已有研究的基础上，确立本研究的核心概念：人力资源双元柔性能力的内涵、构成及功能定位；再次，扩展组织绩效的内涵与维度，以期更加多维、立体化地呈现和衡量组织绩效；最后，遵循"结构—行为—绩效"范式，构建"人力资源管理构型/类型—人力资源柔性能力—多维组织绩效"的影响机制分析模型，旨在解析差异化柔性能力在战略人力资源管理中的作用特征。

第一节　人力资源管理实践系统的构型分析研究

一、人力资源管理实践系统的内涵与特征

近些年对人力资源管理实践的研究较为丰富，因其可解构性特征，被广泛用于实证模型中的前因变量，并被冠以多种称谓或替代范畴。如高绩效工作系统（high performance work system）（Huselid & Jackson，1997；Sun et al，2007；张一弛，李书玲，2008；苏中兴，2010b；王虹，2009；张徽燕 等，2012；程俊德，2011）、最佳人力资源实践（best human resource practices）、高参与或高承诺人力资源系统（high involvement or commitment HR system）（程德俊，2006a，2006b；Arthur，1994；Lepak & Snell，2002）、支持性或发展型人力资源实践（supportive or developmental human resource practices）（何会涛 等，2011；徐国华，2013），以及弹性工作系统（flexible work systems）、创新人力资源实践（Cappelli & Neumark，2001），等等。

而对这一概念的内涵和属性，界定多样，尚未形成共识。例如，赖特等人（2001）认为人力资源实践系统是意图帮助组织达成目标和任务的特定的人力资源管理模式。普费弗和萨兰奇克（1978）认为，它是由一系列彼此之间存在叠加效应（additive effect）的，有助于提高企业绩效的人力资源管理实践或活动构成。人力资源实践系统是以系统性的视角，围绕组织战略形成互补协同关系（synergy effect）的多项人力资源活动的组合。德莱瑞（1998）认为，其实质是在同一系统里彼此配合、强化，从而达到比人力资源单独实践更好效果的

所有管理实践行为。韦恩等人（2012）将其界定为，用于甄选、开发、保留与激励员工的一系列不同但又相关的人力资源实践，涵盖各管理职能，例如，人力资源分析与规划、招聘、甄选、培训、绩效评估和薪酬管理等。雷帕克等人（2006）认为，与实践和政策相比，人力资源实践系统处于更高的层次，一方面由多重人力资源实践组合而成，另一方面体现了组织的政策倾向。张徽燕等人（2012）指出，人力资源实践系统是由一系列相互补充、相互支持、相互依赖的人力资源管理实践组成，每一实践的效果都取决于与其他实践的匹配和契合程度。常等人（2013）从柔性的视角诠释，人力资源实践系统是人力资源实践达成内部一致的集合，从而帮助企业快速和有效地部署、配置和不断获取人力资源柔性。

通过比较归纳可以发现，各观点有异曲同工之处，即人力资源实践系统存在如下典型特征：其一，强调人力资源实践/活动之间有效协调的组合、捆绑、整合，并非单一的人力资源措施。其二，凸显多重匹配的理念，人力资源管理内部各实践契合一致体现了横向匹配，与组织战略、组织结构等组织要素配合协同体现了纵向匹配；与外部环境适应互动体现了外部匹配。其三，人力资源实践系统形成的基础或引力在于战略目标的趋同，体现人力资源的效能最大化。

基于此，本研究将人力资源实践系统界定为：由具体的、一系列相互联系、互相依存的人力资源实践组合或捆绑而成的管理系统，通过追寻实践/活动之间的协同效应，匹配和服务于组织战略，以达到更高的组织绩效或战略竞争优势。

二、构型法及其在 SHRM 中的应用

（一）构型法及其应用特征

构型（configuration）或译为形态、结构、配置等，本书认为构型更贴近这一概念的内涵本质。所谓构型，即"通过要素的结合形成具有某种特定结构的形态"，或"任何一系列多维的、不同概念特征的综合"（Meyer, Tsui, Hinings, 1993），它代表许多特定的或分散的变量集合在一起形成整体的意义，而不是彼此独立的表现。构型既可以是一种实践类型，也是一种理论，亦是一种研究方法或着眼于整体性（holistic）而非割裂（isolation）的观察视角。其意图在于探索和厘清组织内部各要素、各部分之间互动、组合后的非线性的（nonliner）、多样性的（diversity）、非稳定的（instability）、非均衡的（disequilibrium）、暂时性的（temporality）复杂关系（Martín-Alcázar et al., 2005）。

最早的构型理念源自韦伯提出的权威/权力（authority）划分，包括传统型（traditional）、合法型（rational/legal）、魅力型（charismatic）。随后，彭斯和斯托克识别出两种经典的组织结构类型：机械型（mechanistic）和有机型（organic）。伍德沃德（Woodward, 1958）、劳伦斯和洛尔施（Lawrence & Lorsch, 1967）、加尔布雷斯（Galbraith, 1973）遵循相似的逻辑对组织结构归类（Ketchen et al., 1997）。迈尔斯和斯诺（1985）和明茨伯格的战略和组织分类可视为构型研究的经典之作，前者厘清了典型的企业战略原型：分析者、防御者、反应者和探索者等；后者挖掘出理想的组织形态：简单型、机械科层型、专业科层型、事业部型和灵活型等。

构型法被应用于管理学的多领域研究,如战略管理、市场营销、战略人力资源管理等,它是基于系统论的思想,从整体视角出发,根据差异化的或彼此不相容的特征/属性(attribute),例如战略、结构、文化、技术、程序、实践等,将组织内部要素进行划分、归类(classifi-cation),从而形成不同类型(category)的结构(structure)、组合(bundle)、形态(gestalt)的综合性分类方法(Ketchen et al.,1997;Meyer et al.,1993)。

构型法起源于两种类型的研究方法:实证性的分类学(empirical taxonomies)和概念性的类型学(conceptual typologies)。分类学方法是运用实证推导,利用有关数据来进行分类,重点在于探讨实际观察值的分类,依据定量的实际数据,运用统计方法(如聚类分析方法)对人力资源系统进行分类和聚合。迈尔斯和斯诺(1985)将人力资源系统分为购买和制造两种类型;贝克尔和休塞里德(2006)等采用聚类分析的方法区分出人事系统、契合系统、报酬系统以及高绩效系统四种类型;依奇尼奥威斯基、肖和普伦努希(Ichniowski,Shaw,& Prennushi,1997)将人力资源系统区分为传统的人力资源系统、创新的人力资源系统和介于两者之间的人力资源系统。

类型学方法是凭借严谨的理论推理,找到理想的系统形态(ideal type)。构型法主要是依据类型学方法,通常利用几个维度对研究对象进行区分、组合,从而就某一主题对这些不同形态的现象组合进行比较性研究。如雷帕克和斯奈尔(1999,2002)根据人力资源(员工群体)的价值性和稀缺性,将组织的人力资源管理模式划分为基于知识(knowledge-based)和基于工作(job-based)、契约型(contract)和联盟型(alliance),对它们的战略特征差异及其绩效贡献进行分析与检验。

相对而言，分类学方法多采取聚类分析确定人力资源系统的类别比较，理论基础较为薄弱，且与样本情况和数据来源密切相关，导致分类结果直观且不稳定。类型学方法从理论出发较为严谨，但缺陷是实证检验难度大，相关研究大都局限于理论推演，并未进一步运用统计方法进行分析验证。两种方法并非对立关系，在研究中若将两者有机结合，先从概念或理论入手对系统形态进行分类，而后通过实证性方法进行再检验，能够兼有分析深度和更高的结果信度。

（二）构型法在 SHRM 中的应用

学术界一直尝试将种类纷杂的人力资源管理实践进行分类和构型，简单划分为两类：其一，组织间的人力资源实践构型；其二，组织内部的人力资源实践构型。

1. 组织间的人力资源管理实践构型

戴尔认为，通过组织间比较，可将人力资源实践归类为两种人力资源管理系统类型，即投资型（investment）和利诱型（inducement）。前者是指企业以长期和培育的观点来对待员工，也期望员工能对企业忠诚和产生长期贡献，企业与员工建立在长期的雇佣关系上。后者是指企业以短期、交易的观点来看待与员工之间的关系，也就是说双方的关系建立在相互利用、各取所需的基础上。亚瑟（1994）在对美国 54 家小型钢铁厂研究的基础上，运用聚类分析方法，提出了企业人力资源管理系统可划分为"控制型（control）"和"承诺型（commitment）"。前者基于最大化地缩减人工成本的管理理念，其目的是通过员工服从具体的规则和程序,根据可衡量的产出标准进行奖励,降低直接劳动力成本和提高效率;后者则是通过组织与员工的目标一致性,塑造组织所期望的员工行为和态度,维系员工对组织的长期承诺。

巴伦和汉南(2002)提出,基于员工对组织的依附关系、控制类型和筛选方式三个维度来描述组织间人力资源实践系统的差异。其中,员工对组织的依附关系可以分为金钱、工作和情感三种类型;控制类型可以分为直接监督、正式制度和程序、非正式机制以及职业化四种类型;人员筛选方法分为注重完成当前工作所需的特定技能、注重完成系列工作的潜力以及注重价值观的匹配三种类型。按照以上三个维度,组织间的人力资源实践系统可分为36(3×4×3)种类型。其中,企业实践中最为典型的是工程型、明星型、承诺型、层级型和独裁型五种基本类型。

程德俊(2009)按照企业人力资源战略的内部化和外部化程度,通过企业数据的中位值和聚类分析,将人力资源实践组合分为内部型、外部型、内核—外圈型和模糊型四种模式。内部型人力资源战略是内部化程度较高、外部化程度较低的雇佣系统,强调终身雇佣或稳定雇佣;外部型人力资源战略是外部化程度最高、内部化程度最低的模式。该模式对下层员工采取外部人力资源战略,对中高层及核心员工采取高参与工作系统。内核—外圈型人力资源战略是内部化程度较高、外部化程度也较高的雇佣系统。该类型一方面更加依靠外部劳动力市场,另一方面在内部通过工作扩大化、培训、轮换等措施应对环境变化。而所谓模糊型的人力资源战略是指内部化和外部化程度都较低的雇佣与管理系统(见图3.1)。

	内部柔性	
外部柔性	低	高
高	外部型人力资源战略	内核—外圈型人力资源战略
低	模糊型人力资源战略	内部型或高参与工作系统

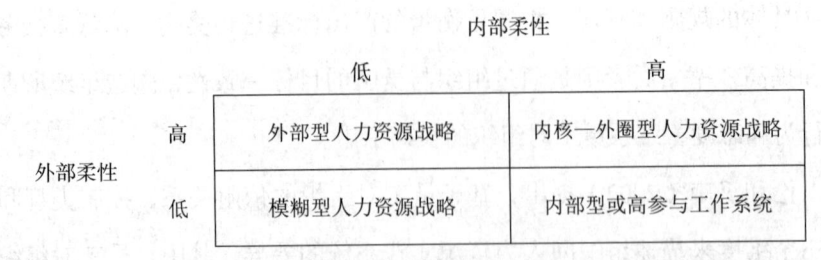

图 3.1　程德俊的人力资源战略构型

资料来源：程德俊，2009.动态环境下人力资源柔性战略 [M].南京：南京大学出版社：152-164.

彭娟（2013）借助"AMO"模型❶的理论维度，将"能力发展要素""动机激发要素""参与机会要素"等管理策略定义为"内部化/外部化""广泛互惠/平衡互惠""承诺/控制"类型，以此作为维度，构建出 8 种（2×2×2）人力资源实践系统：成本型、参与型、科层型、内控型、家长型、专业型，及两种现实中存在较少的离散型人力资源管理：外部化/广泛互惠/控制型和外部化/平衡互惠/承诺型（见图 3.2）。

2. 组织内部的人力资源管理实践构型

理论上讲，组织内部的资源并非是同质的，对其进行的配置管理也是差异化的。近些年来，在劳动力市场与战略柔性的驱动下，汉迪的三叶草组织和阿特金森的柔性组织模式已由假说逐渐变为现实。企业内部的雇佣多元组合与差异化管理模式已成为常态，即越来越多的企业采用正式或长期雇佣与非正式或短期临时雇佣的混合模式。相对而言，前者更注重长期的、关系型

---

❶ "AMO"模型是高绩效工作系统的一种模型，核心观点是：绩效与三项因素密切相关，分别是员工能力（employee ability）、动机（motivation）和参与机会（opportunity to participate）。

的人力资源管理，后者更倾向于短期的、任务型的人力资源管理。德莱瑞和多蒂（1996）将它们区分为内部发展型（internal development）和市场型（market-type）两种，前者的管理特征为：基于内部劳动力市场机制的人力资源战略，倾向于对员工进行投资和自行培养；后者的特征为：实施外部市场机制导向的人力资源战略，倾向于通过劳动力市场购买技能，并根据企业需求变化及时外获和更替人员。

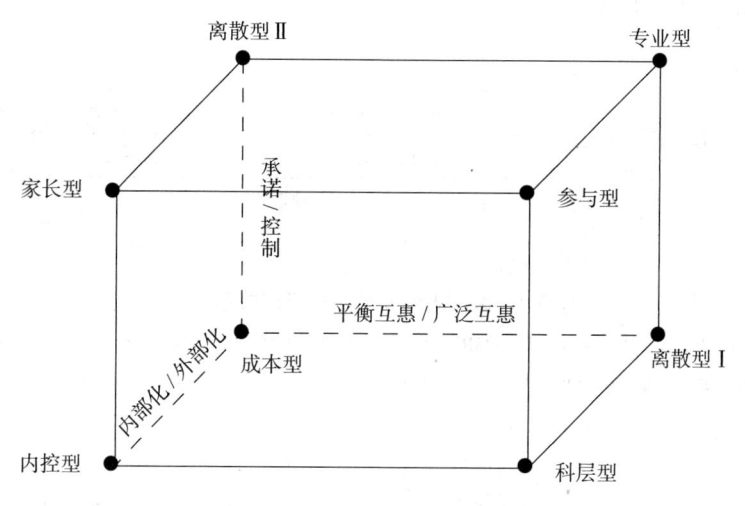

图 3.2 彭娟的人力资源系统构型

资料来源：彭娟，2013. 基于构型理论的人力资源系统与组织绩效的关系研究 [D]. 广州：华南理工大学：51-57.

多年来，一些学者试图应用构型法多视角地解析企业内部的雇佣与人员管理系统的机理及影响。例如，徐等人（1995，1997）指出，组织内部实际上存在两种不同的员工—组织关系（employee-organization relationship）类型：基于工作（job-focused）的和基于组织的（organization-focused）。前一种是构建双方有限的义务关系,即组织仅期望员工将注意力集中于非常明确的工作任务之上;后一种则意图建立双方较为长期的关系,希望员工自愿承担更宽范围的任务或与组织形成更深层次的承诺。徐等人根据巴纳德(1938)、西蒙和马奇提出的"诱因—贡献"框架,按照雇主与雇员之间的诱因和贡献是否平衡为标准,将雇佣关系划分为四种类型:准交易型(quasi spot contract)、相互投资型(mutural investment)、过度投资型(over-investment)、低投资型(under-investment)(见图3.3)。

提供诱因	高	相互投资型	过度投资型
	低	低投资型	准交易型

预期贡献
低　　　　　　　　　　高

图 3.3　徐等人的雇员——组织关系构型

资料来源:TSUI A S, PEARCE J L, PORTER L W, et al., 1997. Alternative approaches to the employee-organization relationship:does investment in employees pay off? [J]. Academy of Management Journal, 40(5):1089-1121.

前文提及,雷帕克和斯奈尔(2005,2006)根据人力资本的价值性和稀缺性特点,将人力资源实践构型归为四种形态:基于知识的模式(knowledge-based)、基于工作的模式(job-based)、契约型模式(contract)、联盟型模式(alliance/partnership)(见图3.4)。

费尔堡、邓-哈托格和康普曼(2007)根据员工可雇佣能力的开发主体(个体—组织)、组织的人力资源政策(服从—承诺)两个维度,将人力资源管理实践划分为四个捆绑或组合(bundle):科层型(bureaucratic bundle)、市场型

（market bundle）、灵活型（flexibiltiy bundle）和专业型（professional bundle）（见图 3.5）。

	联盟型模式 （基于合作的 HR 构型）	基于知识的模式 （基于承诺的 HR 构型）
	契约型模式 （基于服从的 HR 构型）	基于工作的模式 （基于产量的 HR 构型）

独特性 高/低　　价值性 低／高

图 3.4　雷帕克和斯奈尔的人力资本特征与雇佣模式构型

资料来源：LEPAK D P，SNELL S A，2002. Examining the human resource architecture：the relationships among human capital，employment，and human resource configurations [J]. Journal of Management，28（4）：517-543.

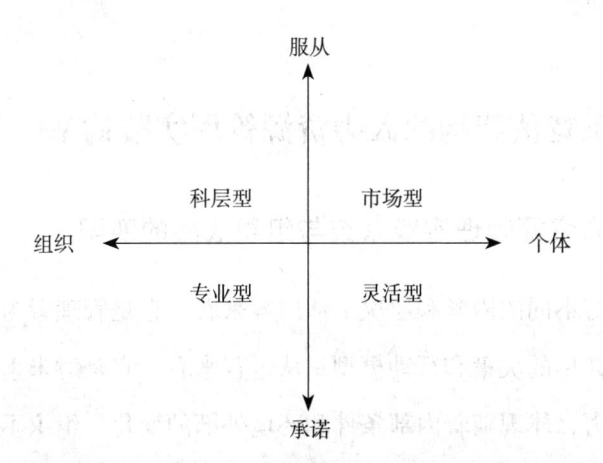

```
              服从
               ↑
   科层型  |  市场型
组织 ←————————→ 个体
   专业型  |  灵活型
               ↓
              承诺
```

图 3.5　费尔堡等人的人力资源管理实践捆绑（组合）形态

资料来源：VERBURG R M，DEN HARTOG D N，KOOPMAN P L，2007. Configurations of human resource management practices：a model and test of internal fit [J]. International Journal of Human Resource Management，18（2）：184–208.

综上所述,组织间与组织内部的人力资源系统的类别研究,在切入视角和分析逻辑上有较大差异。前者多以企业的现实数据为基础,抽象或模糊处理企业特征和具体情境,凭借聚类等统计方法,对人力资源系统进行分类和聚合,从而提炼出人力资源管理模式间的差异。后者则主要采用类型学方法,根据理论推理,寻找细分维度,形成系统形态的组合归类。应该说,后一种研究与现实的人力资源管理趋势更为吻合。如曼图斯克和希尔(Matusik & Hill, 1998)、奎因和罗尔博(1983)研究显示,企业同时使用内部雇佣和外部雇佣,即混合雇佣模式,既能达到内部稳定性,又能产生外部适应性,故可实现较好的组织绩效。雷帕克、武库和斯奈尔(2003)指出,相对于基于工作型与联盟型混合的人力资源系统模式,基于知识型与契约型混合的人力资源系统模式更能够达到优秀的组织绩效。

三、基于竞值架构的人力资源管理实践构型

(一)人力资源管理实践系统与组织战略的匹配

组织战略有不同的内涵和层次:从内容来看,它是管理者为实现较高组织绩效而制定的详尽的决策和行动模型;从过程来看,它是对未来的一种洞察和适应行为或能力,体现随着内部条件和环境外部的变化,组织不断更新战略的需要。组织战略可以划分为公司层战略、业务层战略和职能层战略。公司层战略指组织在产品或市场领域的选择与资源的分配,是从组织整体视角来考虑;业务层战略,也称为竞争战略,指各业务部门制定与自身经营状况相符合的战

略；职能层次战略，主要为运营层次战略，指特定业务单位内部各职能部门层次上的战略制定和实施。

人力资源管理或人力资源实践系统作为组织的重要职能体系，需要与组织战略紧密联系、密切契合，才能积极影响组织绩效。具体而言，组织战略对于人力资源管理具有指引和导向作用，人力资源管理必须支持和匹配组织战略。例如，迈尔斯和斯诺（1985）提出三种典型的企业战略，并据此推断出相应的三类人力资源系统类型。根据产品与市场的变动率，企业战略可被划分为三种战略：防御者战略（defender）、领先者战略（prospector）、介于两者之间的分析者战略（analyzer）。与之对应，防御者战略的企业选择自制型人力资源系统（building HR），关注人力资源的稳定与自我培养；领先者战略的企业选择外获型人力资源系统（acquiring HR），关注资源的外部获取和购买；分析者战略选择配置型人力资源系统（allocatiing HR），综合使用人力资源的自制和购买两种方式。

波特（1996）经典的成本领先（cost leadership）、差异化（differentiation）、集中化（focus）的战略分类，对人力资源配置管理具有特殊的指导意义。实施成本领先战略的企业强调低成本生产、高效率的人力资源配置与管理；实施差异化战略的企业强调创新性和弹性的人力资源管理模式；集中战略结合了成本战略和差异化战略，其人力资源管理也兼具效率与创新、控制与弹性等特征。

舒勒和杰克逊划分出成本降低战略（cost-reduction strategy）、质量提升战略（quality-improvement strategy）、创新战略（innovation strategy），并选取不同的人力资源战略匹配模式。具体而言，成本降低战略的HRM活动强调相对固定、明确的工作说明、短期及结果导向的绩效评估、较少的培训与开发；质量提升战略的 HRM 活动侧重个人及团队组合的绩效、短期及结果导向的绩效评估、稳定的工作保障、广泛持续的培训开发；创新战略的 HRM 活动则注重以团队为基础的长期导向的绩效评估、较为广泛的生涯发展和技能开发。

戴尔也提出了迥异的组织战略类型以及相应的人力资源管理形态。其一，利诱战略（inducement strategy）指导下的人力资源管理需要严格控制人力成本，雇佣较多临时性人员，绩效偏重于短期结果导向，企业与员工存在交易型关系。其二，投资战略（investment strategy）指导下的人力资源管理，重视创新和成长，注重培养员工的创新能力和多样性技能，建立长期的组织—员工关系，绩效评估以长期、团队导向为主。其三，参与战略（involvement strategy）指导下的人力资源管理，强调授权，员工参与决策，运用工作丰富化、自我管理团队等方式提高员工的参与性、主动性和创新性。

（二）人力资源管理实践系统与组织结构的匹配

组织结构可简单表述为：特定组织中对工作角色的正式安排和对包括跨组织活动在内的工作进行管理和整合的一种机制。由科层制的刚性组织向扁平化的柔性组织演进是半个多世纪以来中外企业的共同趋向。彭斯和斯托克将组织结构以其柔性程度划分为有机式与机械式两种类型。前者倾向于纵向的职权层级链，集权严密且程序、规则和标准众多；后者则是低复杂性、低正规化和分权化的，更加灵活有弹性，能根据需要迅速地做出调整。海格首次提出了复杂化、规范化、集权化和层次化四个组织结构特征维度。萨特、米勒和道奇（1986）、罗伯特和戴维提出了集中化、正式化（规范化）、专业化的组织结构类型。程德俊（2009）将组织结构划分为横向协调和纵向控制两大类。前者通过专业化和规范化事项实现不同岗位和部门目标的一致，后者通过集权化和汇报系统实现不同层级员工之间目标的一致。齐旭高、齐二石和周斌（2013）在互联网情境下，关注到组织结构扁平化和柔性化的发展趋势，采用集权化、规范化、扁平化和柔性化代表组织结构基本形式。

组织结构的变化极大地影响了人力资源实践系统的结构和形态变化：以机械式和有机式组织结构分类为例，机械化组织结构的企业会采用层级化、正统化、明确专业和部门分工；有机式组织结构的企业注重跨职能小组、自主团队、跨部门沟通，与企业外部的供应商、客户等发展长期的合作联盟关系。

综上，组织战略、组织结构与人力资源管理/人力资源实践系统之间是一种相互依赖、彼此影响的关系，不同的企业战略、组织结构影响差异化的人力资源管理，三者之间的配合能够形成合力，共同影响企业绩效（张正堂，2012）。正如戴瓦纳、弗布鲁姆和蒂希（Devanna, Fombrum, & Tichy, 1984）提出的战略人力资源管理框架，阐述了外在环境要素（包括经济、政治、文化、技术等）变化，促使组织内部的战略、组织结构及人力资源管理系统的相应调整；并强调三者之间的协调整合，有赖于人力资源管理的策略应对，并表现为组织的适应性绩效（见图3.6）。

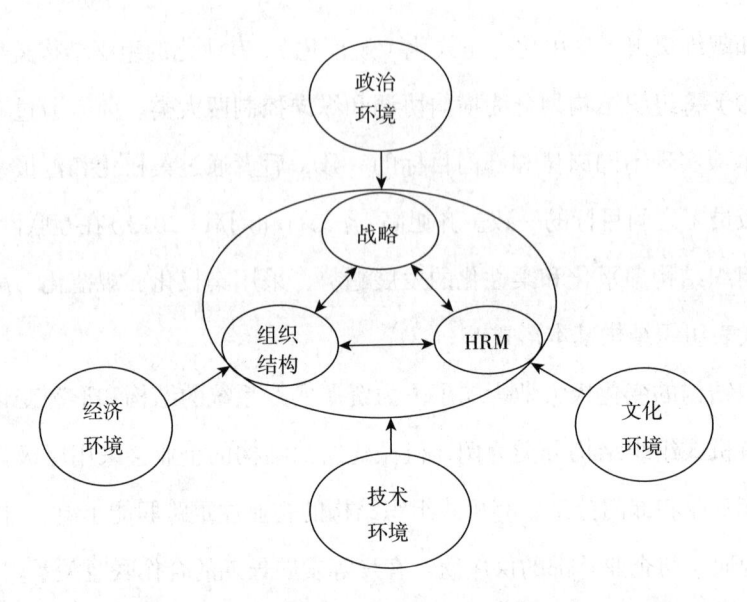

图 3.6　戴瓦纳等人的战略人力资源管理框架

资料来源：DEVANNA M A, FORMBRUM C J, TICHY N M, 1984. A framework for strategic human resource management, in formbrum C J（Eds）[J]. Strategic human resource management, 11-171.

（三）基于组织战略和组织结构的竞值架构模型

根据战略人力资源管理的适配观，在柔性组织创建过程中人力资源实践系统内部需要达成各独立的人力资源实践之间的融合与匹配，即达到内部一致性（internal consistency）或横向匹配（horizontal fit）；也需要与组织战略、组织结构相匹配，即体现了战略人力资源管理的纵向匹配（vertical fit）。为了揭示组织战略、结构适配下人力资源管理的运行机理，奎因和罗尔博（1983）提出了竞值架构模型，选取组织战略焦点和组织结构作为重要的维度划分标准，提出了人力资源管理系统的构型框架。

竞值架构（competing values framework，CVF）最早由奎因和罗尔博（1983）提出，随后广泛应用于组织与管理领域研究，是以兼容并蓄的思维为基础的一种理论框架。它综合彼此竞争与对立的组织理论，采取并排竞列的方式来处理它们的前提假设、理论模式与价值观，在单一架构中展现诸多不同的思维与理念。奎因和罗尔博（1983）在研究组织效能时发现，可将组织效能标准根据两个价值维度进行分类：其一是有关组织战略焦点／关注点（stratgic focus），从强调内部／微观／组织中人员的发展到外部／宏观／组织自身的发展：从内部视角看，企业是一个"社会—技术"系统，需要满足多种内部需求；从外部视角看，企业是为了完成任务、获取资源等目标而设计的工具，在变化的环境中需要构建整体竞争力。由此，可将企业分成外部导向型（external）和内部导向型（internal）两种。其二是关于组织结构（organizational structure），一些组织强调稳定性，突出结构、命令、权威和协调等特征；而另一些组织则强调创新性，突出变化、多样性、个人主动性和组织适应性等特征，由此可将企业分为稳定控制型（stability and control）和灵活变化型（flexibility and change），并依据两维度划分出四类组织管理情境：内部稳定控制型、内部灵活变化型、外部稳定控制型和外部灵活变化型（如图3.7所示）。奎因和罗尔博（1983）将这种囊括对立、竞争理念的分类（category）、构型（configuration）方法称为竞值架构模式（孙少博，2012）。

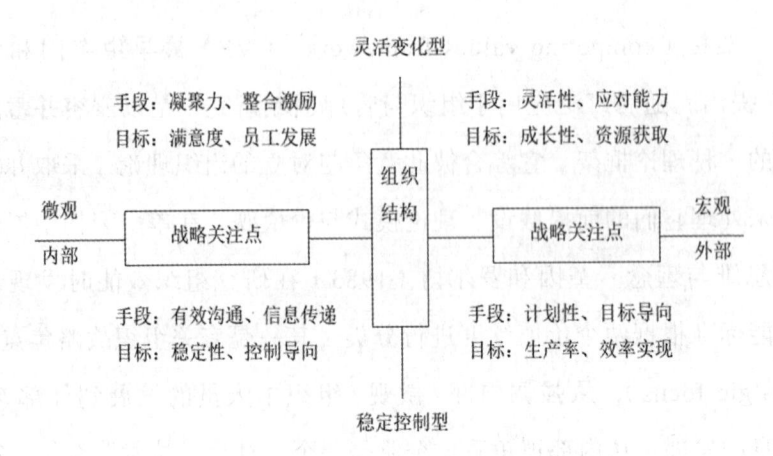

```
                    灵活变化型
         手段：凝聚力、整合激励      手段：灵活性、应对能力
         目标：满意度、员工发展      目标：成长性、资源获取
                    ┌──────┐
  微观                │ 组织 │                宏观
  内部  ──  战略关注点 │ 结构 │ 战略关注点  ──  外部
                    └──────┘
         手段：有效沟通、信息传递    手段：计划性、目标导向
         目标：稳定性、控制导向      目标：生产率、效率实现
                    稳定控制型
```

图 3.7 奎因和罗尔博的竞值架构模型

资料来源：QUINN R E，ROHRBAUGH J，1983. A spatial model of effectiveness criteria：towards a competing values approach to organizational analysis [J]. Management Science，29（3）：363-377.

帕纳龙托普鲁将奎因和罗尔博（1983）的竞值架构观点应用于战略人力资源管理研究：将人力资源管理模式按照组织的战略焦点（内部开发—外部获取）和组织结构（严格控制—灵活自主）两个维度进行构型，产生了人际关系模式、开放系统模式、内部过程模式、理性目标模式四种战略类型。戚振江（2006）也沿用该思路，设计了"人力资源组合策略"框架（见图 3.8），用纵轴表示员工的管理模式趋向于控制还是灵活，横轴表示组织的人力资源获取方式倾向内部开发还是外部获取，在此基础上提出了四种人力资源组合策略：承诺支持型、开放协作型、稳定规则型、效率目标型。

第三章 文献综述与研究框架

```
                  灵活自主
                    ↑
                    │
        承诺支持型   │   开放协作型
                    │
   内部开发 ←───────┼───────→ 外部获取
                    │
        稳定规则型   │   效率目标型
                    │
                    ↓
                  严格控制
```

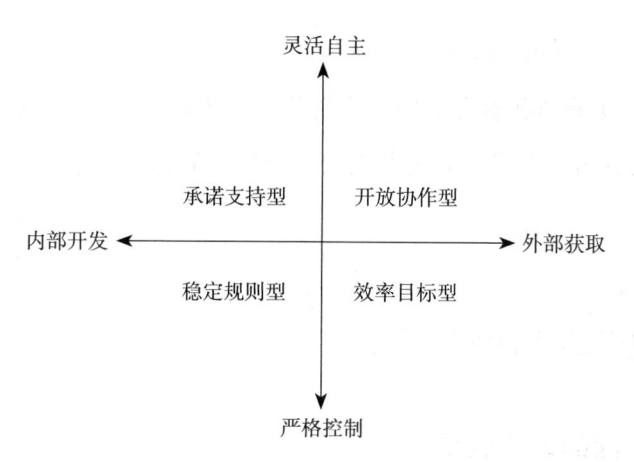

图 3.8 戚振江的人力资源组合策略

资料来源：戚振江，2006. 公司创业情境下人力资源组合策略及其多层次效应分析[D]. 杭州：浙江大学：19-38.

由此可见，遵循竞值架构的理念，选取组织战略和组织结构作为具体维度，进行人力资源实践系统的归类、组合及构型较为科学合理，能够透视人力资源管理内部的结构和形态，凸显人力资源管理的多重适配特征，以开启战略人力资源管理研究新的探索方向和思路。

第二节 双元能力研究

当前外部环境不确定性陡增、跌宕起伏，为了更好地适应外部环境，企业纷纷追寻和培育多种互为矛盾、对立统一的双重张力，即双元能力，例如，探索性学习和利用性学习、变革和稳定、竞争和合作、集权和分权、一致性和协

· 61 ·

调性、激进式创新和渐进式创新、机械式结构和有机式结构。企业通过这些竞争性能力的权变选择和整合应用，不断获取竞争优势，更好地应对环境更迭，从而立于不败之地。为此，双元能力研究逐渐凸显其重要性，并开始引起学术界的关注。

一、双元能力的理论渊源

（一）中国的理论渊源

中国古代的"双元"（ambidexterity/duality）或"悖论"（paradox）思维，充斥着"动态博弈""和谐耦合"的观点，是指"同时且持久存在的、相互矛盾但又相互关联的一组成分"。我国古代哲学中的"阴阳思想"是组织管理的"双元"理念的重要来源。阴阳的基本思想来自《易经》，其中指出"一阴一阳之谓道"，"道"是天人合一，是主观与客观对立统一，是指天地万物与人类社会同源同理同构同存，相生相克。李（Li，2016）认为阴阳哲学包含对矛盾的认识和欣赏，对相反元素之间的权衡和协同。阴阳（yin-yang）认为任何矛盾的双重元素之间都存续着复杂关系，包括相生相克、既相生又不相克、仅相生不相克、仅相克不相生，因此双元研究有着独特的价值。

（二）西方的理论渊源

西方的"双元或二元性（ambidexterity）"则来源于拉丁语 ambos（两）和 dexter（右，与左相反），释意为"双手都灵巧的、灵活的，两手并用的"。邓肯最早将"双元"概念引入管理学领域用以描述组织能力。

马奇（1991）通过对探索和开发两个概念的分析，奠定了双元理论的核心。他认为，探索是以搜寻、变化、实验、冒险和创新为特征的学习行为，倾向于突破组织已有知识框架和技术轨道，开拓创造新的知识；开发是以扩大生产、精细化、提升效率和实施为特征的学习行为，倾向于在现有知识领域内进行深入应用。随后，塔什曼和奥赖利（O'Reilly & Tushman，2008，2013）提出"组织二元性"的概念，认为组织可以同时采用基于这两种能力的经营模式来保持自己的竞争优势——为了短期效率而强调控制和稳定，为了长期创新而冒险并从中学习经验。

基于此，可解读为，中国本土双元思想起源于辩证悖论思想，因而在管理研究的视角上更注重整体论和"你中有我，我中有你"的融合性；而西方双元理论更强调双重因素之间的差异性，突出权变性视角，提倡采取异质性和分割性的应对策略。

二、双元能力的构成要素与互动关系

基于双元观理论，双元能力指组织具备的对立统一的双重能力，是既相互关联也相互矛盾的二元悖论性能力。随着双元理念在战略管理、知识管理、人力资源管理、组织设计、技术创新等领域的渗透，现有的双元能力研究主要聚焦于双元学习能力、双元创新能力、双元领导能力、双元结构能力、双元柔性能力等方面，并开始逐步关注和探寻双元能力之间存续和蕴含的复杂互动关系。

（一）双元能力的构成要素

1. 双元学习能力

阿格里斯和朔恩首先将组织学习能力分为单环学习和双环学习，前者强调发现问题和纠正错误；后者则着重对个体或组织行为的反思学习以及对持续学习的积极作用。随后，马奇（1991）首次提出"探索式—利用式"双元学习能力概念，利用式指通过提炼、总结已有的知识进行学习；探索式指通过创新和试验新知识进行学习。继而，也有学者从知识管理流程的视角出发，例如马蓝等人（2016）提出将双元学习能力划分为组织搜寻获取知识的能力和组织整合应用知识的能力。

2. 双元创新能力

丹尼斯在创新领域引入马奇提出的双元思维，将技术创新划分为渐进性创新和突破性创新。基于此，巴纳和塔什曼更进一步提出，探索式创新是主动型，着眼于长期的、可持续的未来发展，强调对未知知识和技术领域的探索；而利用式创新则是反应型，聚焦于短期的、可实现的当前需求，强调对现有资源的利用和整合。另外，基于不同的创新动机，赵斌等人（2015）还提出了主动型创新和被动型创新双元能力，前者指科研人员发自内心的、充满兴趣和热情的、自愿创新行为，后者指科研人员受到压力而做出的应付性、权宜性和服从性创新行为。

3. 双元领导能力

汉布瑞克和梅森提出，领导者的"创新式—运营式"双元领导能力会影响整个组织的学习活动。其中，创新式领导能力更善于鼓励下属并营造良好团队氛围；运营式领导能力倾向于外部环境和目标实现进程的控制。基于马奇的经典研究，蒙等人将双元领导能力从"探索性—开发性"视角进行诠释：管理者能够对探索性和开发性活动进行合理有效的调整整合、包容并进。刘松博等人（2014）则提出"松—紧"式双元领导能力，指领导者在具体的情境下将管理的松紧程度与员工参与合二为一、兼容并蓄。另外，罗辛等人（2011）将双元领导能力解读为在变化的情境中对开放型策略和保守型策略的灵活选择能力。

4. 双元结构能力

彭斯和斯托克根据外部环境中可能存在渐进式变化和突变式变化，应对两种变化对组织架构的要求具有差异性，因而将双元组织结构能力划分为有机性和机械性。此后，赞德提出平行组织的概念，即在同一组织中可存在两种平行的结构——松散组织结构与正式组织结构，两者分别适用于解决非结构化的问题和结构化的问题。与之相似的，西格尔考和利文索尔指出，组织还具备分权化和集权化双重结构能力，在差异化情境下各自发挥作用。另外，伯金肖和吉布森基于组织情境理论，提出企业可以设计有效的组织情境以融合"内部利用"和"外部探索"这两种看似对立的能力，进而构建起双元型组织结构。

5. 双元柔性能力

阿特金森（1984）、刘翔宇等人（2018）从资源配置应用的视角切入，提出双元人力资源柔性类型——数量柔性和功能柔性，前者指组织具备的能够灵活配置员工数量和类型的能力，后者指组织具备的技能多样性、延展性、可迁移性的能力。赖特和斯奈尔（1998）则从"资源拥有"和"资源运用"的视角，将双元柔性能力划分为资源柔性与协调柔性。聂会（2012）提出双元柔性能力是人力资本柔性与人力资源管理柔性。另外，卡佩利和纽马克（2004）、程德俊（2009）将双元柔性能力划分为内部柔性和外部柔性，前者关注组织内部，指企业通过正式员工的技能培育获取的柔性能力；后者关注组织外部，指企业通过外部人才、非正式雇佣获取的柔性能力。刘翔宇（2017）认为双元柔性能力是兼具稳态柔性能力和动态柔性能力的统一体，前者侧重员工队伍的稳定性和持续性的能力，后者指员工队伍具备的适应性及创新和变革能力。

（二）双元能力的互动关系

1. 替代关系

一些学者承认和接受双元能力的差异性，认为两者之间是竞争性的、此消彼长的关系。企业实践中需要在两者之间做出权衡（trade-off），二者择其一。随着外部环境不确定性增强，现实中多表现为有机式组织结构对机械式组织结构的替代，企业纷纷开始探索柔性组织结构，进行传统科层制的转型，例如平台型管理、阿米巴模式、精兵强悍的小微团队等。

2. 共存关系

双元能力之间可能相互关联，但并不相反互斥，可以共同存在，同生共契，是辅助性契合（supplementary fit），正向累加的关系。例如，企业能够同时具备"松—紧"式领导能力，对待成熟度较低的员工采用"紧式领导力"，而对待成熟度较高的员工采用"松式领导力"。

3. 平衡关系

学者们还提出，双元能力亦可以同时应用，并且比重相似，确保两者都受到足够的关注。例如，数量柔性与功能柔性之间存在最佳混合方式（optimal mix）或平衡效应（balance effect），培育"自己人"的专属型技能和吸纳"外脑"的通用型技能两种措施并举，应用程度均衡，意图达成协调匹配。沃勒瑞提出，企业在关注已有业务的开发活动时，也同时关注新产品和新市场的探索性活动。

4. 互补关系

双元能力之间还可能同时同地存在（both/ and），并且彼此之间互补和协同（complementary & synergy effect），产生仅相生不相克效应。例如，今日美国日报的管理者制定"借力传统的线下纸媒内容来支持在线新业务"的协同策略，取得很好的效果。刘翔宇等人（2018）基于海尔集团的纵向案例追踪指出，雇佣柔性与技能柔性之间存在相辅相成、互相促进、协同演进的关系。

三、双元能力的影响因素

（一）双元能力的前因变量

1. 组织战略导向

赵永彬、刘新民等人通过实证研究发现企业战略控制导向会抑制企业渐进式创新，而促进突变式创新，企业财务控制导向对两类创新的影响正好相反。在此基础之上，孙永风等人通过研究发现，市场导向的企业会产生渐进式创新，而企业家导向的企业则会达到突破式创新的目的。另外，段梦等人还证实企业创业导向与利用式创新和探索式创新都存在"倒 U 型"关系。

2. 组织高管特质

贝克曼提出高管团队（TMT[①]）由于拥有丰富的工作经验，促使企业更加容易实现组织结构二元性能力。曹等人（2009）进而对此解释，组织双元能力的实现是通过 TMT 的内部程序帮助管理者处理大量信息和进行决策。蒙等人提出高层管理者通过参与跨层级结构和协调组织单元促进组织二元性。邓少军和芮明杰（2013）说明高层管理者能通过对企业关键任务的有效整合，以及在集体中对认知模式的分享交流和对个体双元能力的认知和培养，产生影响从而促进企业双元能力的构建。此外，李柏洲等人（2018）通过研究董事长与总经理之间的年龄异质性和权力差距发现两者对双元创新绩效存在"倒 U 型"关系，说明当两者差异处于适当程度时才能有效促进双元创新绩效。

3. 组织资源

苏布拉姆尼亚姆和扬特指出社会资本对利用式和探索式创新能力都有积极影响，而组织资本只对利用式创新能力有显著积极影响。在此基础之上，王玉荣等人（2018）证实组织的创新网络对探索式创新有正向影响，而对利用式创新则是显著负向影响，组织的知识网络对两类创新能力都有积极影响，并且上述影响都呈"倒 U 型"关系。

[①] Top Management Teams，由在组织中主要承担战略决策职责的高层管理者所组成的团队，是决定组织发展和影响组织绩效的核心群体。

4. 组织文化

孙爱英等人从理论上分析了不同企业文化对渐进创新、突变创新的影响，指出官僚型组织文化和创新式企业文化都能够促进企业突变创新，支撑型组织文化能够促进企业突变创新和渐进创新。杜鹏程和黄志强（2016）还指出差错管理文化也能正向促进员工双元绩效。

（三）双元能力的结果变量

1. 组织绩效

实证研究发现，双元创新能力的交互作用能提升销售增长率，而二者之间的不平衡发展则会降低销售增长率。郭润萍等人（2017）提出双元知识整合能力能够正向影响企业创业绩效。崔月慧等人（2018）提出，双元学习能力和双元创新能力，能够积极影响新创企业绩效，促进新创企业发展和成长。魏海波等人（2018）验证，双元柔性能力（数量柔性与功能柔性）正向影响组织的适应性绩效。刘翔宇等人（2018）通过海尔集团的纵向案例研究，发现雇佣柔性与技能柔性双元能力之间存在着替代、互补效应，能够促进组织的销售收入、市场份额、品牌声誉等综合绩效。

不仅如此，学者们还识别出双元能力与组织绩效之间的"倒 U 型"曲线关系。例如，杜跃平等人指出，探索型和利用型双元机会能力与企业绩效之间存在"倒 U 型"关系。刘翔宇等人（2018）检验得出，双元柔性能力与组织创新绩效之间存在差异化影响。其中，功能柔性与创新绩效之间呈"倒 U 型"关系，数量柔性与创新绩效呈负向关系。

2. 团队绩效

周远珍等人指出，管理者双元领导能力能够促进团队反思和团队学习。路易斯提出，具有双元领导风格的产品开发经理能够在不同事务中做到处理态度和风格的自主转换，从而积极影响团队绩效。罗瑾琏等人（2016）指出，"开放式—闭合式"双元领导能力，通过促进团队"探索式—利用式"双元行为，最终促进团队的创新绩效。韩杨等人证实变革型—交易型领导双元领导之间能够产生协同效应，并正向促进团队创新绩效。

3. 员工行为和绩效

大多数研究表明，双元能力对员工行为和绩效产生积极影响。例如罗瑾琏等人（2016）指出双元领导可以促进员工的前瞻性行为和创新行为。赵红丹等人（2018）发现双元领导能促进员工的职业生涯成功。考皮拉等人提出管理者矛盾式的领导风格能够促进员工的开发和探索行为，并且对员工的主动性和适应性行为产生正向影响。刘松博等人（2014）验证出"松—紧式"双元领导能力能够通过影响团队学习来跨层影响员工个体的创新行为。范德堡和金佩尔斯发现，双元管理者能够平衡新老产品的优劣势，给下属更多的授权和自治，从而积极影响下属的销售绩效。

然而，双元能力也可能对个体产生负向影响。例如，李悦指出，双元领导能力可能对管理者自身产生认知负荷和多重角色冲突，从而对心理状态产生消极影响，并进一步向下属行为施加压力，减弱其工作积极性。

（三）双元能力的调节变量

1. 行业

吴建祖和肖书锋通过双元分析检验发现，由于在不同行业中企业探索式和利用式创新的成果表现形式不同，组织所在的行业（尤其是高新技术行业和服务行业）是影响组织双元能力与绩效表现关系的重要调节变量。

2. 企业发展阶段

汤淑琴等人（2018）通过对中国新企业的实证分析得出在企业创建阶段投机导向对双元机会识别之间的正向关系有积极影响，而在早期成长阶段投机导向对双元机会识别之间的正向关系则有消极影响。

3. 外部环境

扬森等人提出环境动态性能正向调节探索式创新与绩效的关系，但会抑制利用式创新与绩效之间的关系。进而，奚雷等人证实环境动态性能够促进外部学习（管理学习和技术学习）与双元创新之间的正向影响。此外，马晓苗等人指出环境不确定性能够对双元文化平衡和组织绩效之间的正向影响以及双元文化不平衡和组织绩效之间的负向影响起到正向调节作用。王玉荣等人（2018）证实市场化水平能够正向调节组织的创新网络对探索式创新的正向影响和组织的知识网络对两种创新能力的正向影响。门格斯和奥赫提出竞争强度在组织二元性与组织绩效之间存在一定的调节作用。具体的双元能力效应框架图见图 3.9。

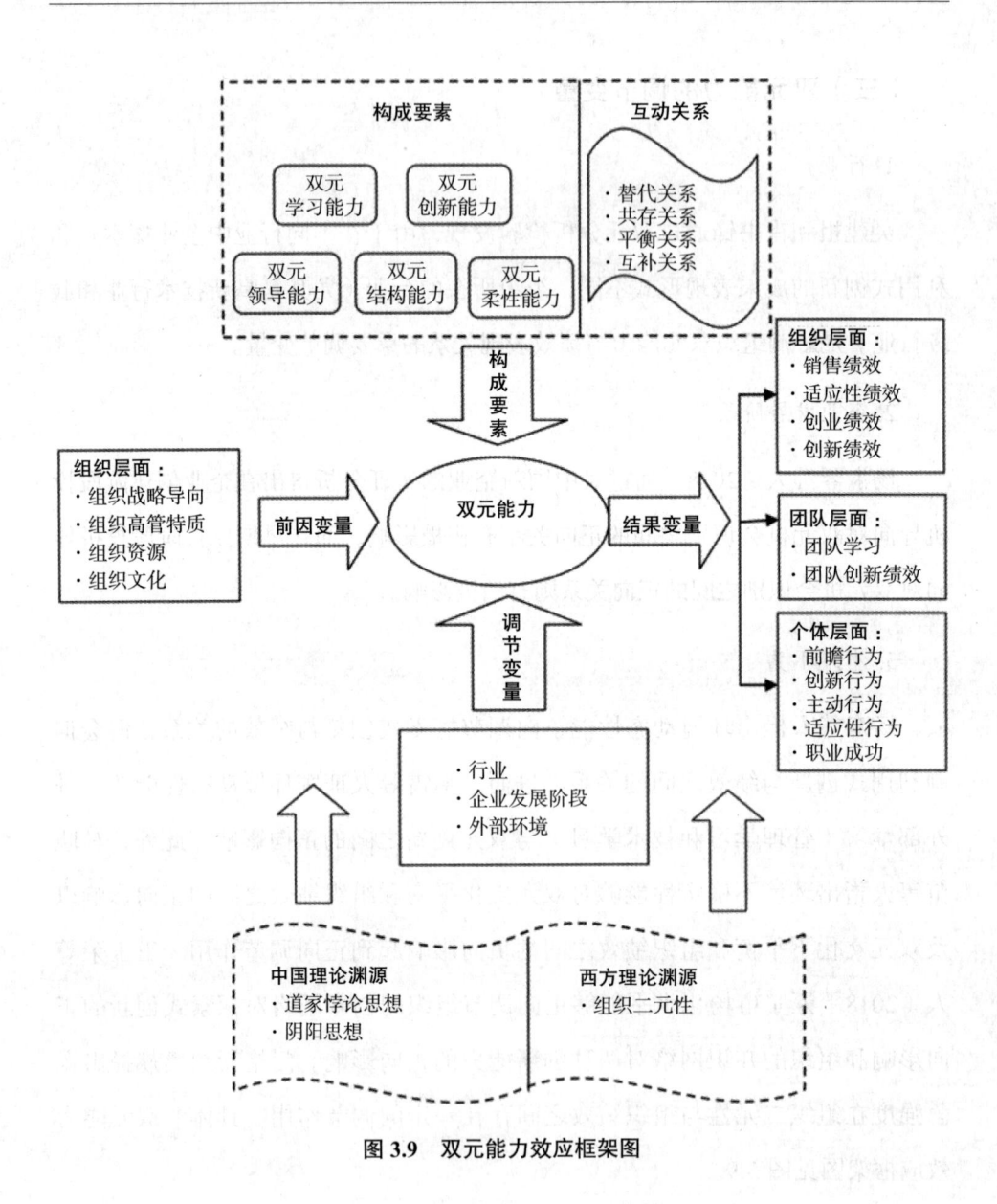

图 3.9 双元能力效应框架图

四、双元能力未来研究展望

近些年来，学术界开始逐渐关注和重视双元能力，从理论渊源、分类、互动关系、前因变量、影响结果、调节因素等诸多方面进行探索，然而该领域的研究仍处于起步阶段，希望未来可在以下几个方面得到进一步丰富和延展。

其一，双元能力的构成要素尚待拓展。本书对双元能力研究进行梳理和分类，着力论述了双元学习能力、双元创新能力、双元领导能力、双元结构能力和双元柔性能力，但并未完善，未来可能继续涌现其他双元能力的类型，如双元人力资源管理能力、双元机会能力等，有待进一步探索和完善。

值得注意的是，已有学者开始不局限于研究双元能力的平面性构成要素，而是开始探索嵌套性、立体化的结构特点。例如，刘翔宇（2017）从双元悖论出发，将人力资源柔性能力视为"双元双面"特质，先划分为稳态柔性能力和动态柔性能力，再从员工队伍的数量和质量典型侧面切入，进一步构建出稳态雇佣柔性、稳态技能柔性、动态雇佣柔性、动态技能柔性的多层次、立体化的概念模型。

其二，双元能力的交互效应或互动关系尚待厘清。本书阐述了双元能力之间的替代、共存、平衡、互补关系，但目前有关互动关系的研究并不丰富，还较为少见。未来研究将进一步厘清和细分交互关系的类型和特征，探索其差异化的影响效应，分析在什么情境下双元能力之间能够此消彼长或融合协同，从而带来新的研究视角和管理启示。

其三，双元能力的作用机制尚待完善。本书梳理了双元能力的前因变量、结果变量和调节变量，但其内在作用机理需要进一步明晰，从而展现出双元能力的完整的形成与作用机制链条。与此同时，可进一步挖掘是否存在负向影响路径，以及非线性、"倒U型"影响关系，弥补现有研究大都从积极视角进行双元能力研究的缺陷和不足。

第三节　人力资源柔性研究与人力资源双元柔性能力的提出

一、管理学视角的柔性内涵与特征

"柔性"（flexibility）是一个宽泛的概念，源自拉丁文 flexus，意指可弯曲、可转向或可调整的。《韦氏大词典》将柔性定义为"能够对变革或新情况做出反应或适应的质量"；现代汉语大字典将柔性界定为"柔软的或易弯的性质"。也有学者将其翻译为"弹性""灵活性"等，将此概念借鉴到组织管理领域，诠释了组织所具有的可伸缩性、可改变性的特质（赵瑞美，2010）。

企业柔性管理的早期研究关注"适应性（adaptiveness）"特点，即组织如何适应外部环境的变化；自20世纪80年代关注点转移到企业自身所具有的"柔性或弹性（flexibility）"能力，例如里德和布伦斯顿将柔性界定为企业调整结构、流程、资源以对外部环境做出反应的能力；进入20世纪90年代，开始关注柔性的变异形式——"敏捷性或活性（agility）"，指企业能够用最快的速度对环境进行反应，并调整其资源、结构、流程以生产高质量产品的能力，依据对环境的变化具有前摄性的预知和主动性的影响能力（孟繁强，2008，

2010)。为了称谓统一,本书采用学术界通用的"柔性"概念。其概念演化情况(见图 3.10)。

```
适应性              柔性              敏捷性或活性
(adaptivity)      (flexibility)     (agility)
├─────────────────┼─────────────────┼──────────────────►
20 世纪 70 年代    20 世纪 80 年代    20 世纪 90 年代
```

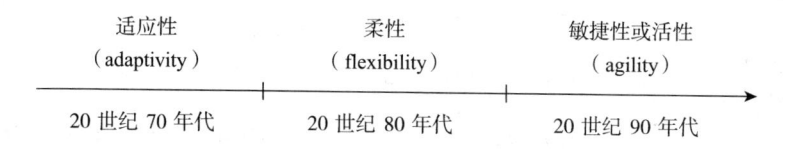

图 3.10 企业柔性管理研究的演化

资料来源:孟繁强,2008.企业人力资源柔性的类型选择:产品架构与组织能力的匹配导向[D].天津:南开大学:44-47.

管理学研究对"柔性"的内涵界定,也经历了一个发展演变的过程,见表 3.1(大致以时间为顺序进行论述)。

表 3.1 管理学领域对柔性的概念界定

提出者	定义
艾平克(1978)	是一种组织特征,组织据此能够减少在不可预测的外部变革面前的脆弱性,或占据一个能对这种变革做出成功反应的更好的位置
曼德尔鲍姆(1978), 尼恩(1979), 马什卡雷尼亚什(1981)	侧重于应对能力或处理能力,是指组织所具有的应对变化环境或应对由环境引起的不稳定的能力
韦克(1982)	是适度的柔性和稳定性的组合,绝对的柔性和稳定性都对组织具有破坏作用
阿克(1984), 古普塔和高耶尔(1989)	聚焦于适应能力(adaptiveness)和调整能力(accommodating),认为柔性是快速应对变化环境的能力

续表

提出者	定义
桑和帕克（1987）	用冗余性或资源的剩余能力（slack）来解释柔性，冗余性（复制或重叠）能够促进自组织的过程，资源的剩余能力是指为企业的操纵活动提供余地的超额能力
埃文斯（1991），马奇（1995）	是多重能力的组合/整合，包括包容性能力、纠错能力、敏感性能力等
奥尔哈格（1992）	将柔性进行时间维度的划分，从短期看指利用现有的资源、技能适应变化的能力；从长期看，反映了企业使用新发明、新观点、新方法并整合融入目前生产系统的一种能力
布莱顿（1996）	将柔性拓展为柔韧力、适应力和反应力的整合
傅博达（1996），赖特和斯奈尔（1998）	将柔性与匹配性相融合，提出柔性是组织与环境变化程度相匹配的一贯能力
王迎军和王永贵（2000）	强调主动性特质，提出柔性是组织为了达到控制自己命运的目标而与内外部环境互动，进而持续地塑造环境或进行调整并作出快速反应的能力
聂规划和方澜（2002）	对柔性构念进行双元思考，认为柔性的本质包括敏感性和稳定性，前者指企业对突发事件的反应能力和响应能力；后者指企业及时调整战略，保持有效运行的能力，两者之间应保持平衡
傅博达（2005），程鹏（2009）	是一种企业基于敏捷地开发有用市场的机会，以及为了增强适应性以开拓未来机会而抛弃惯例并激活这些资源的组织能力

根据对"柔性"的界定，本书归纳出"柔性"的几个典型特征。

第一，柔性是个动态的过程，关注组织与复杂、不确定的外部环境的适应和匹配，当环境越显得动荡和不稳定，柔性对企业就越至关重要。

第二，柔性是个能力的概念，包含多维度或多要素。柔性可视为帮助企业获取竞争优势的多重能力的整合，尤其注重"适应性""反应性""调整性""主动性""稳定性"等能力特征。

第三，柔性是个内涵丰富的矛盾统一体，即存在柔性悖论（flexibility

paradox），是稳定性与变化性、刚性与灵活性、保守与变革、僵化与创新之间的平衡、建构性摩擦（constructive friction）的整合。这些看似矛盾、对立的特征被囊括于"柔性"的范畴之中，正是体现了柔性的复杂性和综合性属性。

二、人力资源柔性的内涵及其维度划分

（一）概念内涵

基于上述对柔性概念的性质与特征界定，本研究认为人力资源柔性是指以人力资源配置和员工管理实践为依托的一种组织柔性能力，具体指人力资源能够系统有效地适应和及时应对外部环境变化和企业自身的多样化需求的一种动态能力。例如，布莱顿和莫里斯指出，人力资源柔性是指组织灵活运用人力资源要素（如人员结构、数量、工作时间等）以适应组织规模和组织结构变化需要的能力。威尔金森和赖特认为，人力资源柔性是指企业对其员工结构、雇佣方式、技能水平的相应调整和变化，涵盖了为达到组织目标所采取的一系列人力资源配置和管理策略。

（二）研究层次

人力资源柔性研究可概括为三个层次：微观层次、宏观层次和中观层次（李新建，孟繁强，王健友 等，2011）。本书聚焦于中观层次/组织层面的人力资源柔性，认为组织层面的人力资源柔性对于企业获取战略竞争优势尤为关键。

1. 微观层次/个体层面的人力资源柔性

微观层次的人力资源柔性，是指以劳动为谋生手段的个体在适应多变环境过程中所具备或应具备的工作可调整性和可塑性。对该层面柔性的研究主要集中在个人职业选择和就业过程上的灵活性，比如可雇佣性（employability）、职业柔性或生涯弹性（career flexibility）等。

2. 宏观层次/劳动力市场层面的人力资源柔性

宏观层次的人力资源柔性，通常包括劳动力市场柔性（labor market flexibility 或 labor flexibility）、灵活就业（flexible employment）、劳动力市场分割（labor market segmentation）等，这些概念都是指特定地区或国家在宏观劳动力配置上所具有的灵活性与多变性，它与劳动力市场刚性相互对应。该层面柔性较多受到劳动法律法规的约束、政府宏观政策引导以及区域经济环境的影响等。

3. 中观层次/组织层面的人力资源柔性

中观层次的人力资源柔性，聚焦于特定组织，是指在面临多变和不确定的外部环境时，企业的基于人力资源配置管理所具备的适应性、可调整性和可迁移性能力等。在很多文献中该层面的人力资源柔性也被称为员工队伍柔性或活性（workforce flexibility 或 workforce agility）、雇员或人员柔性（employee flexibility 或 worker flexibility）等。

（三）维度分类

与人力资源柔性相关的维度分类众多，视角迥异，例如内容的视角、范围的视角，能力的视角等。本研究主要将人力资源柔性视为一种组织的动态能力，因此选取能力的视角介绍其维度划分。

1. 数量柔性与功能柔性

阿特金森（Atkinson，1984，1987）在柔性组织模型中最早提出两种人力资源柔性类型——数量柔性（numerical flexibility）和功能柔性（functional flexibility）。前者指企业通过劳动力投入量的调整，应对劳动力需求变动的一种配置方式；后者指通过调整员工队伍履行的功能或任务，培养员工整体的异质性技能、多样性技能，以及特定技能组合，应对变化的外部环境的策略。

此外，阿特金森还提出过财务或报酬柔性（financial or pay flexibility）和距离柔性（distancing flexibility），前者旨在改变传统的薪酬体系，实现薪酬结构和内容的多样化；后者强调组织将部分业务或职能分包给外部的代理公司，用商业契约来替代永久的工作契约，通过场外距离实现生产和服务，保证低成本运营。布莱顿和莫里斯在阿特金森的数量柔性、功能柔性外，又提出了时间柔性（temporal flexibility），即组织根据经营需要、业务发展或为满足员工的工作生活需要而进行灵活的工作时间安排，例如增加或缩短工作时间、改变工作时段与休假时间等。

综上，与柔性组织中人力资源管理最为相关的维度划分是数量柔性和功能柔性，在后续研究中，学者用"量"（quantity）和"质"（quality）分别进行诠释和解读（孟繁强，2008，2010）；也有学者用其关键构成要素"雇佣柔性"（employment flexibility）和"技能柔性"（skill flexibility）进行指代和操作化分析这两种柔性。雇佣柔性代表数量柔性，特别是雇佣形态柔性；技能柔性代表功能柔性，尤其强调通过组织内部技能培养形成的柔性（孟繁强，2008；潘新红，李新建，2009）。

2. 稳态柔性与动态柔性

韦克、万纳罕和傅博达等人（2012）等强调柔性自身即为稳定性与弹性的统一体，换言之，柔性是一个将稳定性纳入变动中的综合性构念。借鉴傅博达的"柔性悖论"，可将人力资源柔性划分为稳态柔性（steady flexibility）和动态柔性（dynamic flexibility）：前者强调对于员工队伍的稳定和调控能力，后者侧重增强员工队伍的适应能力和自我调整能力。

3. 内部柔性与外部柔性

洛伊斯和程德俊（2009）以"是否突破组织边界"为标准，将人力资源柔性划分为内部柔性（internal flexibility）和外部柔性（external flexibility）。前者聚焦内部劳动力市场，指企业通过内部员工的技能培训、人力资本投资等获取的柔性；后者聚焦外部劳动力市场，指企业通过外部化、非正式雇佣获取的柔性。

此外，还有诸多人力资源柔性维度分类。例如，资源柔性与协调柔性（Lepak et al., 2003），员工（个体）技能柔性、行为柔性与人力资源实践柔性，人力资本柔性与人力资源管理柔性（Milliman et al., 1991；聂会平，2012），内在柔性、调整型柔性与关系柔性等（Beltrán-Martín et al., 2008, 2009）。鉴于这些分类与我们的主题不直接相关，不做赘述。

三、人力资源双元柔性能力的提出

(一)人力资源双元柔性能力的界定和构成

基于上一节论述,从双元观出发,双元能力指组织具备的对立统一的双重能力,是既相互关联也相互矛盾的二元悖论性能力。人力资源柔性是一种动态能力,是通过其角色和职能发挥,保持和增强组织与环境的动态适应和匹配性,并前摄地通过对人力资源的有效配置和管理,主动地对企业战略施加影响和适应外部环境的变化。人力资源柔性并不单纯、机械和盲目地强调"柔",过度的柔性发挥有可能导致系统混沌、战略漂移、组织结构崩溃和企业的不可持续性。依据双元理论,人力资源柔性是蕴含着变革与保守的竞争性思维,强调刚柔并济、动静结合的特征,是"辩证的柔性能力"和"兼顾的禀赋"的本质体现。

因此,从动态能力的视角,人力资源双元柔性能力应该包括稳态柔性能力(steady flexibility)和动态柔性能力(dynamic flexibility)两个方面及两者的有机结合。稳态柔性可表现为组织的一种常规能力,意在通过企业的内在稳定性去追求人力资源的常规效率;而动态柔性则是一种非常规能力,旨在通过自身的适应性或变化性去寻求企业的基于人力资源战略特质的持续发展。

1. 稳态柔性能力及其特征

稳态柔性能力(steady flexibility),简言之,可定义为由优化的组织程序构成(Volberda,2005)的企业人力资源及管理特性,包括一些较为稳定和固化的人力资源池、人员架构、管理技术、控制模式等,是一种能够保证员工队伍的稳定性、规律性（regularity）、连续性（continuity）和渐进性的能力。在常态和非常态的外部环境下，企业都需要维持人力资源（或部分人力资源）的稳定性（stability）、常规性/惯例能力（routine）、控制力/掌控能力（control）等，以获得某一阶段或时点的低成本和高效率，促进组织未来的潜在发展。

具体而言，企业可以通过实施某些具有稳态柔性的策略和措施，实现组织控制与协调，或在组织内部建立一种"休战"状态。这些做法有利于组织资源的有效利用（March，1981）；减少组织中工作的不确定性，避免失误，培育组织合法性/合规性（legitimacy）和制度化（institution）（Feldman & Rafaeli，2002；Feldman & Pentland，2003），减少管理成本和增加组织控制，实现组织合法性和组织效率的最大化。

另一方面，与"惯例变化""惯例更新""柔性惯例"等概念相似，稳态柔性虽然倾向于组织的稳定和常规性，但不意味着是固化不变的，它也会积极感知和应对外部环境变化，通过"试错学习"（trial-and-error learning）寻求组织适应性，关注员工队伍的创新、变异和选择机制，具有元稳定特征（meta-stability），即调适稳定的稳定性，或稳定性的优化过程或者自我扬弃过程。例如企业的持续改善（continuous improvement）、整体质量管理、接班人计划等都可视为稳态柔性能力的现实举措。

2. 动态柔性能力及其特征

动态柔性能力（dynamic flexibility）主要指企业人力资源整体或员工队伍的适应性和调整性的能力。关键特征为"动态"，即强调在动荡多变的环境或超竞争环境（hypercompetitive environment）下，企业能够感知和识别环境变化，具备随时获取、释放、调适、变革、整合和重新配置人力资源的能力，使员工整体无论从数量/规模方面还是技能方面，均具有高度的敏捷性、流动性、迁移性和适应性等。或解释为在环境复杂性、不确定性陡增和愈发不易预测时，企业能够快速、及时地适应和应对变化，为促进创新和变革，重塑组织内部和外部的资源、技能和智力库，从而与外部环境保持随时、动态的适配。"随环境而舞"，攫取新的机遇，不断获取"即时性竞争优势"（temporary competitive advantage）（Erickson，2007）。

（二）人力资源双元柔性能力的细分维度：雇佣柔性与技能柔性

鉴于稳态柔性和动态柔性的内涵较为丰富，可从不同研究视角进一步细分。本研究拟依照柔性组织创建思路，借鉴阿特金森（1984）、卡佩利和纽马克（Capelli & Neumak，2004）、卡尔伯格（2001）等的观点，从人力资源柔性的构成或内容的角度而言，将人力资源双元柔性能力（稳态柔性和动态柔性）具体的操作化为数量/雇佣（雇佣柔性）和功能/技能（技能柔性）两维度（如图3.11）。

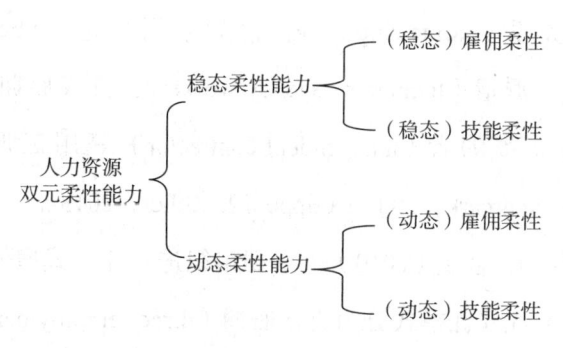

图3.11 人力资源双元柔性能力的维度细分

1. 雇佣柔性的内涵与特征

在阿特金森（1984）的柔性组织框架中，数量柔性（numerical flexibility）是指组织为了快速应对市场和业务量的变化，从外部劳动力市场获取多种非正式或短期雇佣劳动力，以达到雇佣成本控制和灵活满足劳动力需求的能力。数量柔性也常被称为灵活的人员配置或灵活雇佣，具有权变和受市场调节的特征。

雇佣柔性（employment flexibility）作为数量柔性的关键构成因素或操作性构念，指通过对雇佣内容、时限和形式的契约性变更，实现企业对员工数量及类型的配置调整，即表现为组织所采用的外部化（externalized）、非典型雇佣方式（non-standard employment）等（Kalleberg，2000；Michie & Sheehan，2005）。其基本形式如下：第一，改变雇佣契约的内容，对工作时间和地点进行弹性安排，如缩减工时、工作分享、轮岗等（Boulin et al.，1993）；第二，改变雇佣契约的履行时限，如使用非全日制、兼职员工（part-time worker）或短期合同工（fixed-term employee）等；第三，改变雇佣契约签署形式，即将传统雇佣关系（traditional employment）性质变为准雇佣契约关系（quasi employment）或者合作伙伴关系（partnership）等，例如采用分包（subcontracting）、外包（outsourcing）、派遣（temporary agency worker）、自我雇佣（self-employed employee）或独立签约者（independent contractor）等用工形式（Atkinson，1984；Cappelli & Neumark，2001；Cappelli & Keller，2013）。

赵瑞美（2010）、赵斌（2010）等根据组织进行非正式雇佣时是否借助于第三方中介，将柔性雇佣模式分为直接雇佣（direct employment）和间接雇佣

(indirect employment)两种类型。直接雇佣包括:其一,非全日制工或兼职员工。指按小时付薪的非全职人员。其二,短期契约工。泛指从事短期工作的非持续性劳动者,通常指劳动契约不超过1年的暂时性人员,例如特殊时期、特定项目或暂时替代某个职位的临时工、季节工等。其三,自我雇佣者或独立签约者。一般指直接与企业签订业务或劳务契约,但不发生传统雇佣契约关系的人员,该类员工通常为有一技之长的中高层次专业人才,如律师、咨询顾问、工程和技术人员等。间接雇佣包括:其一,派遣员工。指企业向人力资源中介公司提出用工需求,中介公司通过招募和甄选,将人员派遣至用工企业工作。其二,外包员工。外包工的产生多为由业务外包引起的人员外包,即企业将一些非核心的、次要的、辅助性的业务,外包给专业服务机构或外包商,外包商再自行雇佣人员为企业提供服务或工作。

雇佣柔性的正面效应主要体现在:首先,减少人力资源雇佣与管理成本。企业可以通过灵活使用多种非正式员工,降低长期或永久性雇佣的不必要成本,也节省技能培训成本,为企业获取更高的人力资源效率(Davis Blake & Lzzi,1993)。其次,扩展企业的通用型知识和最佳行业/专业实践,促进组织间的学习、技能迁移、创新萌发等知识共享行为。一些研究注意到雇佣柔性的双重效应,特别是过度雇佣柔性所引发的问题,如导致劳动力群体间的制度分割(Atkinson,1984)和心理隔离(Connelly & Gallagher,2004)。甘尔布和黄发现,雇佣柔性会影响非正式员工的组织承诺和离职率,破坏员工对组织的信任、导致员工间的冲突,引发降低顾客满意度、危及组织形象、形成组织中的非正式等级、阻碍和谐雇佣关系等问题。

2. 技能柔性的内涵与特征

阿尔金森（1984）的柔性组织框架中还包括一个重要的变量：功能柔性（functional flexibility），它一般指通过扩大员工技能和能力的范围、幅度、灵活性等，增强员工完成多样性和差异化工作的能力，使组织能够轻易地将员工在宽泛的工作任务和职位之间进行迁移。

与雇佣柔性和数量柔性的关系一样，技能柔性（skill flexibility）作为功能柔性的核心构成要素或操作化概念，指组织范围内能使用的员工技能的存量和快速对拥有不同技能的员工配置的能力。包括个体和组织两层面的内涵：个体层面的技能柔性，指员工个体（individual）实际和潜在的专业能力，侧重于技能生成过程。例如，霍普和奥恩将技能柔性定义为员工能够执行多种信息处理任务（如焊接和组装），或能够在两个或两个以上的实体上执行相同的信息处理任务（如在两条生产线上同时执行焊接任务）。前者被称为多能工，后者被称为多工序工。在知识经济时代或以知识员工为主体的企业中，技能具有了更广泛的内涵，主要表现为专业技术能力。组织层面的技能柔性，一般指员工队伍（workforce）拥有的技能总量、幅度，以及组合后技能的适应性和全面性，侧重于组织的技能整合过程。技能柔性揭示了组织内部人力资源所具有的多功能性（主要指岗位技能），表明组织在面临不确定性时，无须通过招聘与解聘的雇佣调整即可实现人力资源灵活适应的能力（孟繁强，2008）。

技能柔性可以通过两种途径获取：第一，增强企业内部员工技能的多样性和异质性。提供多元化的教育培训、增加任务或工作机会和员工的内部流动迁移，如减少岗位类型（job demarcation）和等级数量（the number of grades）、实施工作扩大化（job enlargement）、工作丰富化（job enrichment）和工作轮换（job rotation）、组建跨职能团队或项目组等（潘新红，李新建 等，2009）。第二，组织通过直接雇佣、外部获取多技能员工、专家型雇员，并在他们之间重新组合与配置，完成组织的技能重构以实现技能柔性。凯勒伯格（2001）认为，技能柔性的来源不限于组织内部，也来源于组织外部，如战略联盟、合作企业、网络组织等。

人力资源技能柔性的正向效应主要体现在：其一，通过更新和改善员工的知识、技能和能力等，提高企业的人力资本存量，培育和开发不易被模仿的企业专属性技能；其二，通过多样性的组织整体技能或技能组合，形成既能应对外部短期需求，又能为企业长期发展提供储备的冗余资源，即多结构、多层次、多功能的人力资本库。

3. 雇佣柔性与技能柔性的关系

雇佣柔性与技能柔性之间的关系，观点纷纭，未曾达成一致。一些学者认为两者是一种此消彼长的关系，即替代关系（substitutable），实践中需要在两者之间做出权衡（trade-off），二者择其一。随着外部环境不确定性增强，现实中也多表现为雇佣柔性对技能柔性的替代，一般发生在两种情形下：其一，为了减少正式雇佣员工数量，企业进行派遣、业务外包的措施；其二，企业引进外部人员意图解决内部员工的技能暂时性不足或匮乏问题（Micco，1997）。

也有学者认为两者之间应是一种互补关系（complementary），即企业可以同时运用雇佣柔性和技能柔性，并且寻求两者之间的最佳混合方式（optimal mix）或实现两种柔性的平衡（balance）。例如在组合雇佣的团队中（同时存在正式员工和非正式人员),当企业内部的技能匮乏而借助"外脑"时,两种柔性之间可表现出正协同效应(synergy effect)。两者的互补也可能产生负协同效应,有研究证实,当外部员工缺乏信任和组织承诺、有身份差异感或正式员工意识到企业雇佣外部人员是为了替代他们时,两种柔性之间就会产生负向效应。

一些研究强调雇佣柔性与技能柔性的策略选择取决于多种因素。例如,孟繁强等人(2007)指出,雇佣柔性或技能柔性的选择,首先取决于企业的两种产品类型:模块型、磨合型。模块型产品架构的信息与知识具有局部性特征,因此其组织能力表现为分散性与模块性,人力资源的雇佣柔性更有助于组织能力的提升;而磨合型产品架构的信息与知识具有整体性特征,其组织能力表现为一体性和整合性,以多能工、员工合作为特征的技能柔性更有助于提升组织能力。沃道里斯(Voudouris,2007)认为,季节工、短期契约工、派遣员工等仅能提供雇佣柔性;而兼职员工、自我雇佣员工和企业联盟雇佣人员等,多为高技能、专业化的人才,在专业或技术领域对企业的核心部分施加潜在影响(Matusik & Hill,1998)。这些非正式员工的使用和配置,为企业补充了有价值、稀缺性的技能和能力,有利于新竞争优势形成,因此他们既能提供雇佣柔性,也保证了组织的技能柔性。

综上所述,雇佣柔性和技能柔性是人力资源柔性研究和实践的核心内容:首先,从理论建构上讲,需要对人力资源双元柔性能力(稳态柔性能力和动态柔性能力)的内涵和维度进行再解构,挖掘出构成这一对立统一的矛盾体的两个侧面。尽管前人的研究已有多重区分,但是本研究认为,雇佣柔性和技能柔性应是两个关键的、能够支撑理论框架的核心维度;其次,从运行机理上讲,连接人力资源实践系统与组织绩效的中介变量,应是柔性视角下的能力范畴,这种动态能力是一种对复杂变化的事物的判断、选择、决策和实施能力。换言之,不对人力资源柔性进行具体的结构和维度区分,无法显示组织的这种能力;最后,从实践角度讲,企业人力资源战略柔性的过程,本质上是依据外部环境和组织战略变化,对雇佣柔性和技能柔性进行组合配置、关系协调、利益取舍、力量权衡的过程。因此,这不是一种简单的内涵描述,而是在理论与实践相结合的基础上进行的概念深化与扩展。

第四节 组织绩效:内涵与测量

一、内涵与功能

可从不同的视角考察组织绩效的内涵与功能。其一,它是企业经营效果的具体体现,是企业生存与发展的基础,具有重要的实际应用价值,通过组织绩效的评价,可以引导与衡量组织目标的完成或实现程度,表现企业的竞争优势;其二,是战略管理研究的重要结果变量,在战略人力资源管理中,其通常被作为衡量人力资源实践效果的终极指标之一。

最初的组织绩效主要是"结果观",仅以结果/效果为导向,随后开始注重组织行为/活动的"过程观",继而又逐步侧重于"能力观",将企业维持和获取的竞争优势或竞争力也视为组织绩效。目前,更多学者认同"整合观",即同时从结果、行为、能力的视角考量和解读组织绩效。

二、构成要素与维度划分

当组织绩效概念的内涵逐渐明确后，学术界开始探索其构成要素或细分维度，以期将组织绩效更为立体地呈现。最初的组织绩效，仅聚焦于财务绩效单一维度，关注企业的经济目标，例如，盈利情况、销售情况等。这种视角受到学术界的广泛质疑，罗宾斯等人认为组织并非只追求单一目标，而是多重目标，例如顾客满意度、员工满意度、品牌知名度、产品创新等多方面，应该挖掘组织绩效的多维度构成情况。

因此，学者们开始竞相探讨组织绩效的多维度构成。例如，乌尔里希将组织绩效划分为财务绩效和非财务绩效，后者主要聚焦于员工态度、行为等（Ulrich，2005；Arthur，1994；Huselid & Jackson，1997）。马杜、阿贵和杰伊布认为组织绩效既包括短期绩效（如成本、利润等），也包括长期绩效（如企业竞争力、市场占有率等）。鲁克特沃克和勒林提出组织绩效包括三个方面：一是效能（effectiveness），企业的目标在多大程度上能达成；二是效率（efficiency），指企业所投入的资源与产出的比率；三是适应性（adaptability），指企业适应和应对外部环境的能力。文卡特拉曼和罗曼努姆也提出三个具体构成要素：其一，财务绩效；其二，商业绩效，包括运营绩效和市场绩效等；其三，组织效能，包括产品质量、员工的满意感、社会或环境责任等。卡普兰和诺顿在平衡计分卡模式中指出，组织绩效包括财务（financial）（如投资回报率、经济附加值）、客户（customer）（如客户满意度、保留率、市场和顾客占有率）、内部运营（internal business processes）（如质量、成本、推出新产品），以及学习与成长（learning and growth）（如员工满意感、信息系统可用性）四个方面的综合性水平。程德俊（2009）关注人力资源绩效的重要性（例如员工对组织的忠诚、信任、承诺，人员流动情况，员工的生产效率等），提出组织绩效应该包括人力资源绩效、市场绩效、创新绩效等。

三、本研究的组织绩效界定与测量

鉴于对组织绩效的测量难度大，对组织绩效指标的选择也存在较大差异（Lepak，Takeuchi，& Snell，2003；Ketkar & Sett，2010），本研究拟将组织绩效视为多维度、综合性绩效，从而更深入地透视组织绩效的形成机理，更有针对性地探究何种类型的人力资源实践系统，通过何种人力资源柔性能力，具体影响哪一方面的组织绩效，以及影响效果如何。

基于此，本研究主要从四个方面解读组织绩效多维构念：效率性绩效、适应性绩效、成长性绩效、创新性绩效。具体而言，效率性绩效更偏重短期绩效，关注通过数据比例反映的企业经营效果／效率，例如人力资源绩效（人力资源成本和员工劳动生产率）、运营效率、市场占有率等。适应性绩效，注重评估企业对于外部环境的适应能力和调整能力，可视为影响企业生存、变革、转型的长期绩效。成长性绩效，主要用以衡量企业在业界未来的创新和发展趋势，可视为影响企业发展的长期绩效。创新性绩效，指企业出现了产品、技术、工艺、商业模式、市场等方面的新颖方式和成果。

第五节　研究框架与理论建构

第二章和第三章都是本研究的理论探讨部分，其分工与侧重点存在差异：第二章聚焦于研究的理论基础（柔性组织及其创建理论、适配视角的战略人力资源管理理论、资源基础与动态能力理论），厘清和阐明相关理论在本研究的具体应用情况；第三章偏重于核心概念（人力资源管理构型、人力资源柔性能力、组织绩效）的内涵、构成和研究介绍。即在第二章理论解构、细化的基础上，逐步串联核心概念、形成系统分析框架，通过理论解构，凝练研究模型。

基于此，本节主要阐述研究框架和主要内容，剖析核心概念，厘清逻辑链条，进行理论建构。理论建构与研究框架详见图 3.12。

理论建构：

- 动态环境
- 人力资源管理构型/类型
- 人力资源柔性能力
  - 数量柔性/雇佣柔性
  - 功能柔性/技能柔性
  - 稳态雇佣柔性
  - 稳态技能柔性
  - 动态雇佣柔性
  - 动态技能柔性
- 组织绩效
  - 效率性绩效
  - 适应性绩效
  - 成长性绩效
  - 创新绩效

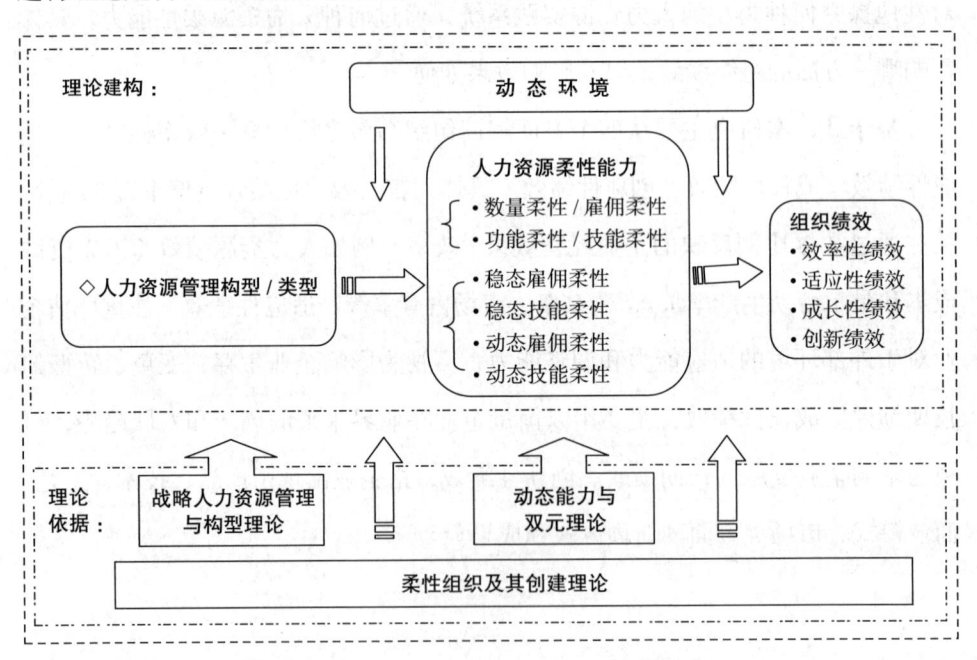

理论依据： 战略人力资源管理与构型理论；动态能力与双元理论；柔性组织及其创建理论

图 3.12　本研究的理论建构与研究框架

一、研究框架及基本脉络

本研究扩展了组织和战略管理研究的结构（structure）—行为（conduct）—绩效（performance）的"结构—行为—绩效"经典范式（Bain，1959），将其应用于本研究框架的设计中，遵循由点到面、由抽象到具体，由内圈到外延的分析逻辑，建构本研究的理论模型：人力资源管理构型/类型→人力资源柔性能力→多维组织绩效。具体而言，人力资源管理构型/类型，指人力资源实践系统的组合形态，或某一种类型的柔性管理模式，能够揭示人力资源管理内部的差异化的组合和结构；人力资源柔性能力体现了组织关键的动态柔性能力；结果变量多维组织绩效对应"结构—行为—绩效"模型的绩效。

二、理论基础及研究框架

研究框架包括两大部分：理论依据部分、理论建构部分。

理论依据部分，即相关理论的地位和应用情况而言，"人力资源管理构型/类型→人力资源柔性能力→多维组织绩效"理论模型，沿用柔性组织理论，将其作为贯穿全文的重要理论基础，据此构建整体研究构架，从而探索和创立当代中国情境的柔性企业。

理论建构部分主要为：结合本研究议题，通过文献梳理和逻辑推理，形成三部分内涵丰富、结构立体、关联密切的概念组合或概念体系，在此基础上，构成本研究的整体理论模型。

具体而言：其一，前因变量选择特定人力资源管理模式或人力资源系统组合构型，是组织的异质性资源组合与配置方式，主要以适配视角的战略人力资源管理理论为基础，可视为本研究的中层理论，体现了人力资源实践系统的多重适配特征。其二，关键性中介变量人力资源柔性能力，诠释和深化了动态能力理论在柔性组织的运用，有效地揭示其在人力资源实践系统与组织绩效关系中扮演的中介角色。由此，动态能力理论也是本研究的中层理论，用以解释中介变量，揭示中介机制。其三，组织绩效选取多维综合的测量指标，划分为效率性绩效、适应性绩效、成长性绩效、创新绩效。其四，整个作用机制中，还可能存在一些情境因素的调节作用或边界效应，如环境动态性等。

第四章　人力资源双元柔性能力结构维度与作用机制的扎根研究

本章和第五章共同构成本书的质性研究板块，关注点有所差异：本章采用扎根研究方法，探索人力资源双元柔性能力结构维度与作用机制；而第五章则采用案例研究方法，揭示柔性组织创建的动态演化过程。

本章借鉴扎根研究方法，意图深挖核心概念，归纳出不同类型的具有差异性特征的人力资源实践系统；探索人力资源柔性能力的内涵、前因及效果变量；进一步凝练概念模型，为后续的案例研究和实证研究提供基础。

第一节　研究背景与研究问题

进入21世纪，全球迎来了以互联网和大数据为依托，以信息技术、生物技术等新兴产业为主导的第四次产业革命,对经济、社会、文化及人类自身产生着深远的影响,并颠覆了传统的商业模式和组织形态,对处于竞争风口的中国企业提出了新的挑战。外部环境的瞬息万变,驱动人力资源配置与管理模式从传统、刚性向创新、敏捷和网络化的方向转变,以"非典型雇佣""组合雇佣""差异化管理"等为代表的人力资源柔性管理逐渐盛行(Cappelli & Neumark,2004;Lepak et al.,2003;Wright & Snell,1998),随之涌现迥异的绩效表现。究其根本,柔性管理的效果差异,源于企业培育和应用柔性能力与否。探寻适应外部环境,与战略需求相匹配的人力资源管理模式,追踪和挖掘人力资源柔性能力的形成及作用机制,为企业实现组织变革、战略转型提供了重要的借鉴启示,是我国学术界与管理实践者亟待探索的新课题。

目前关于人力资源柔性能力的研究(程德俊,2009;聂会平,2012;陈坤,杨斌,2016;Kalleberg,2000;Lepak et al.,2003;Cappelli & Neumark,2004;Voudouris,2007;Ketkar & Sett,2010;Way et al.,2015),主要倾向于从组织资源配置的视角进行常规性和平面化的维度划分,缺乏从组织能力的视角对其进行立体化解读和诠释。探索其作用机制时,大都聚焦于某一特定类型人力资源管理模式(徐国华,杨东涛,2005;林亚清,赵曙明,2013;邢会 等,2015;聂会平,2016;Beltrán-Martín et al.,2008),鲜少展现企业在不同发展阶段或者不同子公司/子业务部门综合应用差异化人力资源管理模式的现象,无法揭示人力资源管理组合形态、多重柔性能力、多维绩效之间错综复杂的联动关系。基于此,本研究采用扎根研究方法,挖掘人力资源柔性能力的概念内涵和维度类型,依据扎根研究的典范模型和"结构—行为—绩效"研究范式,构建"人力资源管理组合形态—人力资源双元柔性能力—多维组织绩效"作用机制模型。

第二节 理论基础

一、人力资源柔性能力的内涵界定

组织柔性指当外部环境愈显动荡和不确定时,组织逐步突破僵硬和刻板,寻求弹性和灵活,从生产制造、组织结构、运营流程、信息系统、人力资源、金融财务等诸多方面进行自我调整和动态适应,以最快的速度对环境进行即时反应和前摄影响(王迎军,王永贵,2000;傅博达,2005)。

借鉴组织柔性理论(王迎军,王永贵,2000;傅博达,2005),人力资源柔性可解读为以人力资源配置和员工管理为依托的组织柔性能力,表现为组织的人力资源管理系统能够有效地适应、应对外部环境变化和企业自身的多样化需求的一种动态能力。

二、人力资源柔性能力的维度结构

诸多学者对人力资源柔性能力的维度和类型进行了不同视角的研究和界定(孟繁强 等,2007;程德俊,2009;聂会平,2012;Atkinson,1984;Sanchez,1995;Wright & Snell,1998;Lepak et al.,2003;Cappelli & Neumark,2004;Beltrán-Martín et al.,2008;Way et al.,2015)。例如,阿特金森(1984)从资

源配置应用的视角切入，最早提出两种人力资源柔性类型——数量柔性和功能柔性；出于可操作性的考量，雷帕克等人（2003）、潘新红和李新建（2009）、孟繁强等人（2007）以关键构成要素指代数量柔性和功能柔性，将人力资源柔性更为直接地界定为雇佣柔性和技能柔性，前者聚焦企业对员工数量和类型的配置调整，后者注重员工队伍拥有的技能规模、幅度和组合状况。卡佩利和纽马克（Cappelli & Neumark，2004）、程德俊（2009）以"是否突破组织边界"为标准，将人力资源柔性能力划分为内部柔性和外部柔性，前者关注内部劳动力市场，指企业通过内部员工的技能培训、人力资本投资等途径获取的柔性能力，后者关注外部劳动力市场，指企业通过外部化、非正式雇佣等途径获取的柔性能力。桑切斯（1995）、韦恩等人（2013）、严丹和司徒君泉（2013）将人力资源柔性能力视为动态环境中的重要战略资产，认为其主要包括资源柔性和协调柔性两种类型，前者指资源发生迁移性用途的范围或广度，后者指企业通过确定资源分配方向和重新配置资源等方式，将资源应用到新的战略活动的协调能力。聂会平（2012）将人力资源柔性划分为人力资本柔性和人力资源系统柔性，前者指员工队伍的人力资本（知识、技能、能力等）的多样性程度，后者指人力资源管理系统的适应能力和调整能力。在此基础上，赖特和斯奈尔（1998）、贝尔特兰-马丁（2008）、凯特卡和塞特（2010）、邢会等人（2015）进一步提出，人力资源柔性能力能够划分为员工的技能柔性、行为柔性和人力资源实践柔性三个维度。陈坤和杨斌（2016）意图凸显人力资源柔性的主动、前摄地影响外部环境的特征，将其具体划分为员工技能柔性、员工行为柔性、人力资源实践资源柔性、人力资源实践协调柔性和人力资源实践先动性。

三、人力资源柔性能力的作用机制研究

已有学者开始关注人力资源柔性能力在"人力资源管理—组织绩效"黑箱中扮演的中介角色。例如,贝尔特兰-马丁(2008)、邢会等人(2015)提出,高绩效工作系统通过人力资源柔性这一中介变量而最终作用于组织绩效。林亚清和赵曙明(2013)认为,构建高管团队社会网络的人力资源实践与人力资源柔性存在积极互动关系,从而有效地提升企业绩效。聂会平(2016)指出,人力资源柔性在构建网络的人力资源实践与组织绩效的正向关系中扮演中介角色。凯特卡和塞特(2010)通过实证分析得出结论,人力资源实践系统对于组织层面的人力资源产出具有直接效应和间接效应,其中,间接效应表现为人力资源柔性的中介作用。李召敏和赵曙明(2016)通过转型经济下民营企业的实证研究验证出,人力资源柔性在关系导向型管理模式与组织绩效之间起到部分中介作用。

综上所述,既有研究虽具一定探索性,但是无论二维论、三维论、五维论,大都将"人力资源柔性能力"概念进行平面化的维度划分,缺乏立体化、嵌套性的解读和诠释;同时,出于"人力资源管理—柔性—绩效"的战略人力资源管理研究惯性,大都聚焦于某一特定类型人力资源管理模式,鲜少关注差异化人力资源管理组合/捆绑与多重柔性能力的联动关系。基于此,本研究采用扎根研究挖掘人力资源柔性能力概念内涵,提炼多层次、嵌套性子维度构成,并构建了"人力资源管理组合形态—人力资源双元柔性能力—多维组织绩效"的作用机制模型。

第三节 研究设计

一、研究方法

扎根理论是科学严谨，且认可度较高的质性研究方法之一。扎根理论强调直接从原始资料入手，寻找与研究问题相关的核心概念，结构化或抽象化概念与概念间的联系层次，然后再上升到理论，进而产生相应的结论（Strauss & Corbin,1990）。扎根研究对于厘清和挖掘具有争议、尚待明确的概念内涵和外延，构建组织管理新理论非常适用，因此本研究拟选取扎根研究方法，采用规范的编码技术，提炼人力资源柔性能力的结构维度，构建概念模型和作用机制模型。

二、数据收集

本研究从 2015 年 9 月—2017 年 6 月，历时近两年，完成了对 15 家企业的观察、调研和访谈活动，具体包括中粮集团、海信集团、海尔集团、天津红日药业股份有限公司、蒙牛乳业（集团）股份有限公司、环球雅思培训机构、陕西医药集团、国家电网能源研究院、平安银行天津支行、浙江农村信用合作银行、中骏置业控股有限公司天津分公司、浙江省邮电规划设计院有限公司、北京英卓管理顾问有限公司、京东方科技集团、环球医疗金融与技术咨询服务有限公司。这些企业分布在北京、天津、西安、杭州、上海等城市，涉及医药、能源、金融、房地产、培训咨询、中介和高科技等多个行业，均为行业的标杆或具有较高品牌知名度和业界地位的企业，可保证所调研企业的代表性和典型性。在企业调

第四章 人力资源双元柔性能力结构维度与作用机制的扎根研究

研中,笔者严格筛选调查对象,必须为企业的中高层管理者,例如,人力资源部门经理/总监等,共 22 人,分别进行深度访谈后,以其访谈情况反映所在企业的情况。具体样本统计见表 4.1。

表 4.1 接受访谈的企业中高层管理者情况

样本企业	受访者职位
中粮集团	中粮成都产业园 X 总监、人力资源部 L 经理 中粮包装成都工厂行政人事高级总监 X 总监
海信集团	集团人力资源部 Z 经理
海尔集团	集团人力资源部 J 总监
天津红日药业股份有限公司	红日药业集团副总裁、人力资源总监 C 总监 红日药业集团人力资源部 Z 经理、T 主管
蒙牛乳业(集团)股份有限公司	蒙牛眉山工厂行政人事经理 Z 经理
环球雅思培训机构	Y 校长、运营总监 C 总监
陕西医药集团	人力资源部 X 主管
国家电网能源研究院	项目负责人 Z 先生、L 先生、X 先生
平安银行天津支行	人力资源部招聘经理 T 经理
浙江农村信用合作银行	人力资源部 C 主管
中骏置业控股有限公司天津分公司	市场营销总监 S 总监
浙江省邮电规划设计院有限公司	管理咨询顾问 C 顾问
北京英卓管理顾问有限公司	管理顾问 C 顾问
京东方科技集团	人力资源部招聘经理 C 经理
环球医疗金融与技术咨询服务有限公司	人力资源总监 L 总监

本书借鉴三轮式访谈的研究思路，对22位中高层管理者的半结构化访谈，围绕着三个核心环节展开：第一，企业的员工构成情况。主要了解受访企业员工的基本情况，例如，员工规模、员工流失率、非正式员工的比例等。第二，外部环境变化与人力资源柔性状况。意图了解企业依据所处环境变化所采取的相应的柔性化管理方式，尤其是与人力资源柔性能力培育和应用相关的资料和信息。第三，柔性导向的人力资源管理实践。收集和比较各企业柔性化人力资源实践的差异性表现和管理特征等信息。

访谈之前，承诺对访谈者的隐私保密，并允许受访者对本研究问题提出疑问，在征得受访者允许后，研究者对谈话内容进行了录音和文字记录。每次访问时间30~120分钟，一些企业进行了两次以上访谈，累计访问时间1440分钟以上。访谈过程中，研究者根据交谈情境和受访者的具体情况，对与研究密切相关或可以提炼新观点的问题追加提问，以获取更为完整和详细的信息。访谈结束后，研究者在有效时间内对录音进行整理，形成文字资料，并通过电话、邮件、网络聊天软件等途径，让受访者就收集信息所形成的文字资料进行确认和补充。

第四节　数据分析

本研究在采用扎根理论方法对资料进行分析的过程中，进行了开放性编码、主轴编码、选择性编码三个步骤，将搜集的资料不断打碎、整理和重组，提炼概念，归纳范畴，并依据故事线构建模型。

第四章 人力资源双元柔性能力结构维度与作用机制的扎根研究

一、开放性编码

开放性编码是一种从深入研读原始数据入手，将收集的资料打散，通过理解数据表达的深刻含义，来对数据进行概念化与范畴化的过程。本研究的开放性编码过程是围绕着"企业如何通过培育和应用人力资源双元柔性能力应对外部环境变化"这一核心主题展开：首先，反复阅读所收集到的22份企业中高层管理者访谈记录，逐句分析、逐段归纳，并不断与实践和学术领域的专业人士沟通，经过对比分析和交叉检验，共提取出56个概念；然后，将这些概念归纳合并，提炼出21个子范畴；继而，将21个子范畴进一步凝练和归类为11个范畴；最终获取4个主范畴。

"人力资源双元柔性能力"的具体编码过程见表4.2和表4.3，人力资源双元柔性能力的驱动因素"人力资源管理组合形态"的具体编码过程见表4.4、表4.5和表4.6。人力资源双元柔性能力结果变量"组织绩效"的编码分为三级，由13个概念形成3个子范畴：效率性绩效、适应性绩效、成长性绩效；其情境因素"环境动态性"的编码也分为三级，由6个概念形成3个子范畴：市场动态性、技术动态性、政策动态性（具体编码过程略）。

表4.2 人力资源双元柔性能力的开放性编码（稳态柔性能力）

四级编码	三级编码	二级编码	一级编码	原始访谈资料
人力资源双元柔性能力	稳态柔性能力	稳态雇佣柔性	员工队伍流失率低	"蒙牛集团留职率不能超过3%。""海信集团的人员流失率很低，只有3%。同时，离开海信集团2年以上的员工可以再回来，吃'回头草'。"

四级编码	三级编码	二级编码	一级编码	原始访谈资料
人力资源双元柔性能力	稳态柔性能力	稳态雇佣柔性	关键岗位员工流失率低	"中粮包装关键职位离职率不能超过1%。"
		稳态技能柔性	员工整体能掌握常规性知识技能	"我们企业遵循精细化管理，所有工作都有流程图、制度非常完善，所有工作都有章可循。" "前一两年都是通用型技能的培养，比如学习能力、咨询能力等，没什么难的，大家基本都能掌握。"
			关键知识和技能及时、系统地记录	"我们有设备作业指导书、岗位说明书、应知应会说明书（应该掌握的知识），将三者整合起来，建立知识库，使员工学有所依。" "中粮今年想推一个'岗位宝典'，每个岗位必须写出来工作的成果、流程、技能等，当人员离职后，东西还在，知识还在。" "我们今年搞了一个'名师大讲堂'的活动，岗前有培训手册，岗中有技能测试。"

表4.3 人力资源双元柔性能力的开放性编码（动态柔性能力）

四级编码	三级编码	二级编码	一级编码	原始访谈资料
人力资源双元柔性能力	动态柔性能力	动态雇佣柔性	派遣员工配置管理	"关于蒙牛集团的多元化用工问题，我们有编制内和编制外的区分。编制外主要指派遣和外包，例如我们的冰品项目使用劳动派遣。" "我们的派遣员工主要应用在打包、装卸、清洁、安保等岗位上，都是一些基础体力的工作，核心的工作都没有做派遣。"
			外包员工配置管理	"在数量上以外包人数多，因为我们的银行卡处设一个250人左右规模的客服中心，工作人员都是外包的性质。" "我们有自己的代理公司，就是外包公司，劳务外包。我们公司营销部门内部6个人，代理公司20多个人。"
			兼职员工配置管理	"我们很多授课老师都是兼职的，我们只是付他们课时费，他们可能还有自己的本职工作，例如有些人本身是在外资银行工作的，周末来我们这里兼职讲课。"

第四章 人力资源双元柔性能力结构维度与作用机制的扎根研究

续表

四级编码	三级编码	二级编码	一级编码	原始访谈资料
人力资源双元柔性能力	动态柔性能力	动态雇佣柔性	自我雇佣员工配置管理	"也有些老师专门就是做培训讲师的,他们有可能挂靠在好几个培训机构。" "大概10个正式员工,5~6个顾问,是独立签约者,他们原来是我们公司的人员,现在为了家庭等原因,在我们公司做顾问,不坐班,分享提成。这些顾问可能是自我雇佣者,也可能在其他公司兼职。他们如果能自己拿单的话,我们就分提成。"
			实习生、返聘人员配置管理	"对于其他一些银行,有的还包括实习生、见习生等。国有银行可能还会有一些返聘的人员。" "实习生占1/5左右,比重很大,流动率很高。实习生也签合同,三个月一签,一般六个月就可以转正。"
			联盟企业派驻人员配置管理	"华为技术有限公司、电信在做具体项目的时候,都从我们这里(邮电设计院)租人,按一天多少钱给我们设计院,我们派驻的人员还是设计院给工资。"
		动态技能柔性	技能多样性	"集团有职能部门,各个工厂也有自己的职能部门,我们人力资源部的驻场人员称之为'对接人',起到联络人和上传下达的作用,需要综合能力。" "我们买饲料的人员必须是本科,食品营养或兽医专业,每个村设置一个驻场的业务员,是个多面手,能够为买饲料的村民提供一揽子的解决方案。" "这些配方颗粒的配置人员,既要能够配好药,又需要直接和顾客接触,要微笑服务,有社交能力。" "我们定期有课程培训和听课活动,希望每个老师能够同时讲好几门课程,而不是只能讲一门课。" "我们所谓的多技能培养包括:基础业务知识、基础业务流程,跨部门沟通,职业化素质。其中跨部门沟通(各层级都需要)和职业化素质(包括商务礼仪、执行力、时间管理等)最重要。"
			技能延展性	"技术技能容易过时,需要研发人员进行自学。"

续表

四级编码	三级编码	二级编码	一级编码	原始访谈资料
人力资源双元柔性能力	动态柔性能力	动态技能柔性	技能冗余性	"我们集团的人员存在冗余,有自己的人力资本库建设考虑,所以当关键岗位人流失时,并没有感到很大的缺位。" "企业的冗余性人员,当前可能没有太大用途,但是未来会有很大用途。这种我们叫储备人员,一是资源型,看似短期内不能直接创造效益,从长期看会对业务有很大帮助。例如招聘时,招聘一些社会关系比较丰富的人,以后可能对企业有帮助。二是战略储备,在海外一些国家招聘少量在当地留学的中国留学生,以备后期业务推进;并且能够帮助寻找国外医疗资源,与公司建立合作关系,以及寻找国内还没有的先进设备,引进中国。"

表 4.4　人力资源管理组合形态的开放性编码(内柔导向型 HRM)

四级编码	三级编码	二级编码	一级编码	原始访谈资料
人力资源管理组合形态	内柔导向型 HRM	严格招聘筛选	招聘把关	"招人把关,招聘高于培养,选择成就导向的、技术控的个性性格,同时认同海信集团的文化。" "我们的招聘非常激烈,一两万人选出 15~16 个人。公司的目标就是每个人都是招之即来、来之能战、战之能胜。"
			注重校园招聘	"从公司长远战略考虑,要建自己的梯队,通过校园招聘培养自己员工的忠诚度,这样稳定性会高一些。"
			一线员工招聘本地化	"我们招到的一线工人很多是当地的、新津县的。"
		组织专属性技能培养	技能比武	"我们今年举办了铲沙工的技能比武,效果很好。"
			师徒制	"我们仍然采用师徒制,无论是基础操作类岗位,还是高级技能工。"
			管理培训生培养计划	"我们的'白鹭计划'类似于管培生……对青年骨干多观察、多给机会。"
			在岗培训	"我们中粮奉行的(人才培养原则)是干中学、学中干。"

第四章 人力资源双元柔性能力结构维度与作用机制的扎根研究

续表

四级编码	三级编码	二级编码	一级编码	原始访谈资料
人力资源管理组合形态	内柔导向型HRM	组织专属性技能培养	轮岗培训	"海信集团内部有轮岗机制,员工可以自己申请。"
			授课培训	"我们的培训形式多样:例如大讲堂(可以自己选课程),以及把特定人员派到外边专项培训,例如我们领导派我到西北大学听了一些绩效管理课程。"
			综合培训	"海信集团对员工培养有'721'培养计划:7指岗位培养,干中学;2指向他人学习,比如导师、同事;1指知识交流和培训,比如参加行业展会、论坛。"
		报酬后置	股权激励	"骨干员工(如研发人员)有股权激励,在海信集团有长期激励的员工很多。"
			延迟奖金发放	"我们企业存在预留奖金发放,比如你前年做得很好,可能今年还能领十几万或几十万奖金,所以大家不愿离职。"
		组织内部职业生涯发展	注重内部晋升	"我们的工厂讲求'加速成长,快速提拔'。"
			接班人计划	"接班人仅限于个别岗位,比如产业园一把手等,替代性较差的岗位。"

表4.5 人力资源管理组合形态的开放性编码(外柔导向型HRM)

四级编码	三级编码	二级编码	一级编码	原始访谈资料
人力资源管理组合形态	外柔导向型HRM	团队化	团队、小组作业	"因为我们大部分是项目制、团队制,因此知识分享很好,制度也完善,所以技能发展稳健。""我们最近成立了业务小组,通过实践带动和锻炼更多人。"
		可雇佣能力培养	职业技能培训	"我们有专门的人才搜寻培训和顾问培训,在猎头这个行业混都需要的……我们企业人员流动比较多,大都在同行业流动,最需要通用型技能。"

续表

四级编码	三级编码	二级编码	一级编码	原始访谈资料
人力资源管理组合形态	外柔导向型HRM	高技能人才的非正式雇佣	雇佣外聘专家顾问	"我们还有外脑、顾问，都是智力型的，我们只要他们提出的观点和建议，他们基本都是兼职性质的。这些外脑、顾问分为三类：第一，资源型的顾问，有政府关系，能够介绍项目。第二，项目型顾问，提供信息、业务支持，我们称之为业务经理，作为外协力量。第三，智力型顾问，我们现在做医疗金融，可能要投资运营医药几十年，没有足够的医院管理人员，所以我们会返聘一些三甲医院退休的业内人士，为我们出谋划策，有问题的时候就来开会，或者也可以以电话会议的方式加入咨询。"
			雇佣临时性专业技术人员	"我们公司法务部的律师有外聘的。"
			外聘人才薪酬激励	"我们积极吸引海外人才，给他们'学术带头人'的称号，并进行'协议工资'。"

表4.6 人力资源管理组合形态的开放性编码（内外兼柔导向型HRM）

四级编码	三级编码	二级编码	一级编码	原始访谈资料
人力资源管理组合形态	内外兼柔导向型HRM	流动性职业发展	组织内、外的职业发展	"蒙牛集团具有品牌效应，对于员工的职业生涯发展有利，不论是组织内晋升，还是组织外流动。……也能增长员工技能，开阔视野、见世面。"
		共风险共收益的报酬体制	合伙人制度	"我们在新员工起步的前几年，并不注重企业承诺，因为不用激励，如果做得好，薪酬就很高……当成为顾问以后，需要带一个团队，或者能够管理某个行业的大客户的时候，并且和本企业契合度高，出现信任以后，企业就要给很多承诺，比如分红，比如成为合伙人。因为这些人有客户资源，出来另起炉灶的成本并不高。"

第四章 人力资源双元柔性能力结构维度与作用机制的扎根研究

续表

四级编码	三级编码	二级编码	一级编码	原始访谈资料
人力资源管理组合形态	内外兼柔导向型HRM	共风险共收益的报酬体制	收益分享	"我们采用模块供货,不一定是海尔集团自己制造,可以选择最优的供应商,比如电机,行业内有最好的,可以根据我们的要求,去设计,可以参与一定利润分享。"
		联盟合作关系	与员工合作共赢	"我们把事业部取消了,变成一个个小微团队,彼此之间竞争。做得差的就被淘汰了,引进了全竞争的机制。一些小微团队可以自己从外部吸引人才,充实到自己的小微团队。……小微团队可以包括在册员工,在线员工。在线员工,可以是一个人,也可以是一个团队或组织,或者是合作单位、机构。可以花钱买服务。我们提不求人才所有,但求人才所用。"
			与联盟企业合作共赢	"我们的定位是:外包公司、外包人员与蒙牛集团一起成长。"

二、主轴编码

主轴编码是在开放性编码的基础上进行,目的是发现范畴间的关联,从而将各种范畴有机地联结在一起。借鉴施特劳斯和科宾(1990)提出的扎根研究的典范模型(paradigm model)"前置条件→核心现象→情境→中介条件→行动/互动→结果",将上述重要概念串联,形成逻辑链条和研究脉络(见图4.1)。

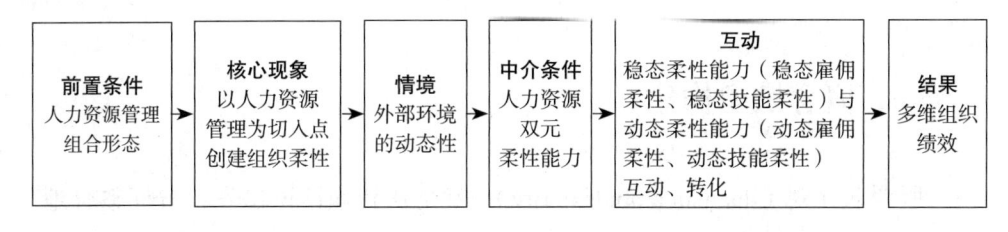

前置条件 人力资源管理组合形态 → 核心现象 以人力资源管理为切入点创建组织柔性 → 情境 外部环境的动态性 → 中介条件 人力资源双元柔性能力 → 互动 稳态柔性能力(稳态雇佣柔性、稳态技能柔性)与动态柔性能力(动态雇佣柔性、动态技能柔性)互动、转化 → 结果 多维组织绩效

图 4.1　人力资源双元柔性能力的典范模型逻辑推演过程

三、选择性编码

选择性编码是在主轴编码的基础上，进一步凝练出核心范畴"人力资源双元柔性能力"，并将其系统地与其他范畴相比较，厘清彼此之间的关系，自然呈现访谈资料中蕴含的故事线。并遵循"结构—行为—绩效"研究范式，构建出动态环境下的"人力资源管理组合形态—人力资源双元柔性能力—多维组织绩效"作用机制模型。

四、理论饱和度检验

本研究在 22 名被试的访谈资料中随机选取了 17 份资料进行编码，并采用剩余 5 名被试的访谈资料检验理论的饱和度。结果表明，该部分资料编码并未产生新的概念和范畴，且范畴间也没有出现新的联结关系。表明本研究通过扎根研究归纳的核心概念和范畴已达到理论饱和。

第五节　概念模型与作用机制模型的构建与阐释

一、概念模型构建

所谓双元观（dualism/ambidexterity），就是从管理悖论出发，辩证整合地解读组织管理中相互关联、相互矛盾的现象（如探索性学习和利用性学习、变革和稳定、有机式组织结构和机械式组织结构等），从这些悖论中寻找冲突互补的兼容性，扩展其张力，并通过平衡和协调的手段，达到有助于组织成长和绩效改善之目的（庞大龙 等，2017；Fajoun，2010；O'reilly & Tushman，2008，2013）。

借鉴双元悖论的哲学视角（duality & paradoxical view），人力资源柔性能力可视为立体化的概念，具有天然的矛盾特质，正如傅博达等人（2012）指出的"稳定性是柔性的必要组成部分"，人力资源柔性自身为稳定与灵活的矛盾统一体，蕴含着控制与变革的竞争性思维，两者互为对立、相辅相成，强调稳柔并济、动静结合的特征，具有"柔性悖论"（flexibility paradox）的综合性内涵（傅博达，2005；O'reilly & Tushman，2008，2013；Fajoun，2010）。

基于上述理论推理和扎根研究分析结果，本研究将"人力资源柔性能力"的概念拓展为"人力资源双元柔性能力"，兼具稳态柔性能力和动态柔性能力的统一体，稳态柔性能力指组织具有维持和巩固员工队伍的稳定性、常规性和持续性的能力（Becker，2005；Fajoun，2010）；动态柔性能力指为实现与外部环境的即时动态匹配，企业所具有的保证员工队伍的敏捷性、可迁移性、适应性及创新和变革的能力（刘翔宇，李新建，2015a；O'reilly & Tushman，2008）。

究其本质，人力资源柔性能力包括组织为应对外部环境变化调整员工队伍的"量"和"质"的能力。因此，在"双元悖论"的基础上，从"量"和"质"或"数量"和"功能"两个典型侧面/剖面（孟繁强 等，2007；赵瑞美，2010；Atkinson，1984；Cappelli & Neumark，2004；Voudouris，2007）对人力资源柔性能力概念进一步挖掘，提炼出稳态雇佣柔性、稳态技能柔性、动态雇佣柔性、动态技能柔性子范畴，并再次对子范畴进行解构，凝练第三层构成要素，包括员工队伍流失率低、关键岗位员工流失率低、员工整体掌握常规性知识和技能、关键知识和技能及时系统地记录、派遣员工配置管理、外包员工配置管理、兼职员工配置管理、自我雇佣员工配置管理、实习生返聘人员配置管理、联盟企业派驻人员配置管理、技能多样性、技能延展性、技能冗余性，从而建构"双元双面"异质属性组合的嵌套性、立体化的概念模型（见图4.2）。

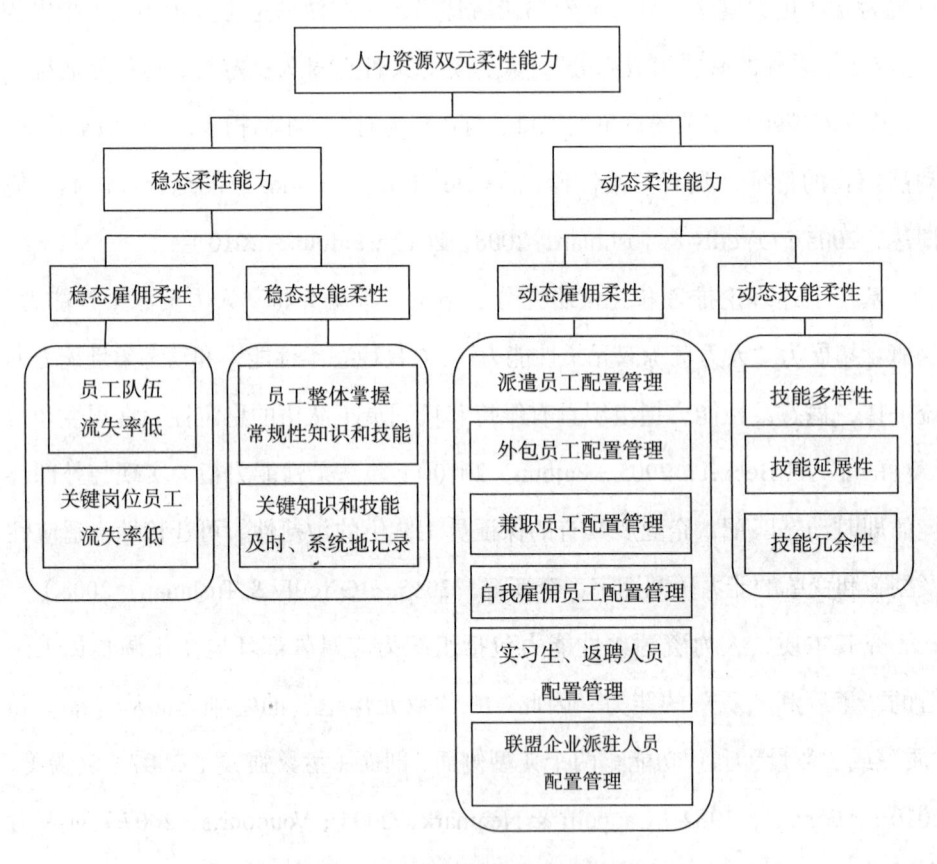

图 4.2 人力资源双元柔性能力概念模型

具体而言，稳态雇佣柔性指组织具备维持和掌控员工队伍，尤其是关键岗位员工在数量、规模方面稳定性的能力，例如，企业具有较低的员工流失率（包括员工队伍和核心岗位人员）；稳态技能柔性指组织能够有序地保持和传承组织的重要知识和技能的能力，例如企业凭借师徒制和接班人计划保证专属技能的衔接和传承；动态雇佣柔性指组织对非正式员工、非典型用工（包括非全日制工/兼职员工、自我雇佣者/独立签约者、派遣员工、外包员工、外聘专业技术人员、外聘专家顾问等）的配置管理能力（Kalleberg，2000；Lepak et al.，2003；Conelly & Gallagher，2004）；动态技能柔性指组织员工队伍拥有的技能规模、幅度，以及技能有效组合的能力，例如员工整体技能的多用途性和延展性等（孟繁强 等，2007；赵瑞美，2010）。

二、作用机制模型构建

扎根研究的编码结果发现，人力资源双元柔性能力的影响因素并非单一类型的管理实践，而是若干人力资源管理活动的组合形态。具体包括：内柔导向型 HRM，注重员工的内部培育，强调员工队伍的稳定雇佣和组织承诺，专属性技能培养和组织内职业生涯规划；外柔导向型 HRM，倾向于通过外部资源获取来实现内部人工成本控制与技能需求满足之间的平衡，注重员工迁移性的可雇佣能力培养，柔性雇佣或非正式员工数量增多，不仅局限于低技能岗位，也拓展到专业技能型岗位；内外兼柔导向型 HRM，强调组织内外部渗透性和灵活性，意图创建企业与员工之间、企业与企业之间的联盟互惠式合伙人关系。

基于上述分析，本书认为外部环境趋于复杂和动态的背景下，人力资源双元柔性能力的培育和应用是企业探索战略转型和组织柔性化的关键因素。其具体作用过程表现为：在环境动态性的情境下，人力资源管理组合形态（内柔导向型 HRM、外柔导向型 HRM、内外兼柔导向型 HRM），能够驱动稳态柔性和动态柔性双重柔性能力的产生和互动，并进一步激发其子能力稳态雇佣柔性、稳态技能柔性、动态雇佣柔性、动态技能柔性之间的互补协同效应，提升综合性绩效表现（效率性、适应性、成长性绩效），并持续推动着组织柔性的演变和形成（见图 4.3）。

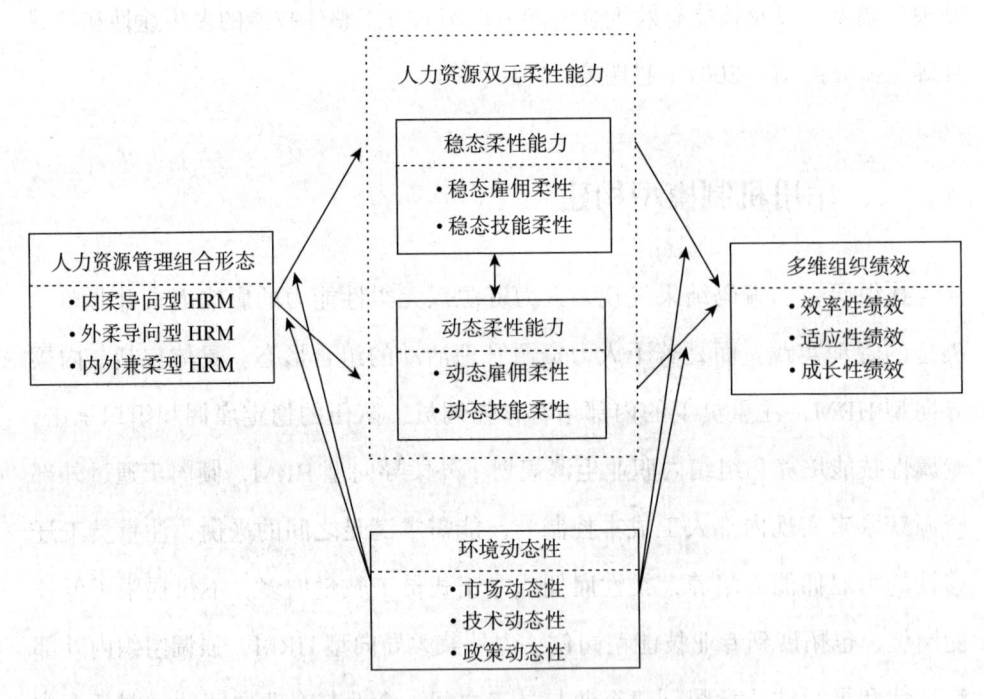

图 4.3 人力资源双元柔性能力的作用机制模型

第六节 结论与启示

一、研究结论与理论贡献

本研究通过扎根研究方法，对22位中高层管理者访谈资料进行多级编码，提炼出56个概念、21个子范畴、11个范畴和4个主范畴，进一步凝练概念模型，并依据"典范模型"（paradigm model）厘清核心概念之间的逻辑（Strauss & Corbin, 1990），构建其作用机制模型，展现企业以人力资源管理为切入点进行战略转型、组织柔性化的动态演化过程。其主要结论和理论贡献包括以下两个方面。

第一，拓展和挖掘嵌套性、立体化的人力资源双元柔性能力概念。已有人力资源柔性的概念内涵和分类研究，例如，"数量柔性和功能柔性"（潘新红，李新建，2009；孟繁强 等，2007；Atkinson, 1984；Voudouris, 2007）、"内部柔性和外部柔性"（程德俊，2009；Cappelli & Neumark, 2004）、"资源柔性和协调柔性"（严丹，司徒君泉，2013；Sanchez, 1995；Way et al., 2015）、"技能柔性、行为柔性和人力资源实践柔性"（Wright & Snell, 1998；Beltrán-Martín et al., 2008；Ketkar & Sett, 2010）等，主要从组织资源配置的视角进行常规性和平面化的维度划分，缺乏从组织能力的视角对其进行立体化解读和诠释。本研究从"双元悖论"视角出发，凸显人力资源柔性为稳柔并济、动静结合的矛盾统一体，并从数量（量）和功能（质）两个典型侧面，深入挖掘多重维度之间"双元双面"异质属性组合的特点，凝练出嵌套性细分维度：稳态雇佣柔性、稳态技能柔性、动态雇佣柔性、动态技能柔性，从而丰富和拓展了人力资源柔性能力的概念内涵和本质特征，为人力资源柔性管理领域研究进行了新的概念探索。

第二，厘清和揭示人力资源双元柔性能力的系统性、结构化的形成及作用机制。以往"人力资源管理—柔性—组织绩效"的黑箱揭示研究，多偏重于某一特定类型的人力资源管理模式的探讨，如高绩效工作系统（Beltrán-Martín et al., 2008；邢会 等，2015）、支持性人力资源管理（徐国华，杨东涛，2005）、构建社会网络的人力资源实践（林亚清，赵曙明，2013；聂会平，2016），无法立体化地透视人力资源配置管理内部的差异特征及其对于不同柔性能力的选择策略和互动整合机制。在环境动态性的情境下，本研究溯源人力资源双元柔性能力，发现双元柔性能力的驱动因素并非单一类型的人力资源实践，而是囊括内柔导向型、外柔导向型、内外兼柔导向型模式的人力资源管理组合形态/捆绑，并引致异质性绩效表现。继而，本研究借鉴"结构—行为—绩效"研究范式，探索"双元双面"柔性能力与差异化人力资源管理系统之间的立体化联动作用机制和效果，为战略柔性理论在人力资源领域的应用提供新的视角。

二、管理启示

本书的研究成果可为企业人力资源双元柔性能力的培育和运用提供理论借鉴，其管理启示如下：第一，探究人力资源柔性适度配置机制。人力资源柔性是企业应对内外部动态环境的组织能力或战略工具（Sanchez, 1995）。但对柔性过度或不当的使用，都可能造成组织涣散不稳或资源配置低效，思考和探索如何实现稳态柔性与动态柔性、雇佣柔性与技能柔性之间的功能互补，对提升企业的人力资源优化配置有非常重要的实践意义。第二，探寻企业人力资源管理转型创新途径。通过探索柔性化人力资源管理系统的战略实施效果，寻找中国特色的人力资源管理创新模式，为在动态复杂环境中亟须转型的企业提供了借鉴和启示。

三、研究展望

未来可进一步开展以下研究：第一，考察人力资源柔性能力嵌套性细分维度之间是否存在交互作用；第二，尝试通过案例研究和纵向研究，跟踪调查企业在不同发展阶段综合应用多种人力资源管理模式的现象，及其对柔性能力的复杂联动作用；第三，通过大样本调查，进行"人力资源管理组合形态—人力资源双元柔性能力—多维组织绩效"的作用机制检验。

第五章　基于人力资源管理战略匹配性和双元柔性的柔性组织创建过程的案例研究

本章和第四章共同构成本书的质性研究板块。通过第四章的扎根研究，挖掘出人力资源管理构型、人力资源双元柔性能力等关键概念的内涵和维度构成，并借鉴扎根理论的"典范模型"，将核心现象等串联成线，形成后续实证研究的理论模型。然而，扎根研究是基于横截面、特定时点的企业信息收集分析的结果，难以显示企业纵向的演化过程。

因此，本章运用单案例纵向研究方法，选取海尔集团为案例企业，观察和分析其30年的历程，一方面以鲜活的事实、事件印证扎根研究凝练的核心构念和理论框架；另一方面剖析在改革开放的宏观大背景下，我国企业如何以战略人力资源管理为切入点，通过培养人力资源柔性能力，创建柔性企业的动态演化历程。

第五章 基于人力资源管理战略匹配性和双元柔性的柔性组织创建过程的案例研究

第一节 柔性组织的研究基础

进入 21 世纪，科技进步、制度变革和经济转型多重压力加大，增强了企业经营环境的复杂、多变和不确定性，对处于互联网时代竞争风口的我国企业提出新的挑战。如何应对这些挑战，成为当前重要的管理议题。创建各种形式的柔性组织（如三叶草组织、联邦制组织、超文本组织、网络平台组织，甚至裂变为原子化的"小组织群"或组织生态圈等），被视为当今企业应对外部挑战的战略实现工具。

以往柔性组织的相关研究大都基于西方企业情境提出，分散于战略管理、组织变革、运营管理和人力资源管理等诸多研究领域，探索组织如何从生产制造、组织结构、运营流程、信息系统、人力资源、金融财务等方面进行自我调整和动态适应，有概念含混、体系分散、缺乏中国企业实践检验等缺陷。

出于雇佣关系与人力资源配置管理敏感性和复杂性的考量，以人力资源管理为视角的柔性组织研究并不算丰富：在 20 世纪 70 年代末至 80 年代初，汉迪（2006a，2006b，2006c）提出的"三叶草组织"可视为柔性组织雏形，随着组织外部压力的增大，企业倾向于将员工划分为核心人员、外包人员和自雇工作者三种类型，强调差异化的人力资源配置可为企业带来竞争优势。随后，阿特金森（1984）提出了经典的"核心—边缘模型"，注重对不同契约关系的员工实施分割化的人力资源配置和管理：核心人员作为具有组织专属技能的、在重要岗位的任职者,是企业的战略性资源,应内置化和长期拥有,保证组织的技能柔性;外围/边缘人员是企业经营性资源和成本管理对象,应维系短期或外部化的雇佣关系,确保组织获取雇佣柔性。近年来,傅博达(2012)、卡佩利和凯勒(2006)通过对诸多柔性企业的系统观察和预测,指出市场逻辑将会嵌入组织内部,市场驱动的、开放式的合作联盟关系将会逐步取代传统的、基于组织的、终身制的雇佣关系,促使企业攫取动态适应能力。

据上可知,学术界开始逐步意识到人力资源柔性管理、混合雇佣关系在组织变革、战略转型中的关键作用,因此以人力资源管理为剖面,探索柔性组织创建或形成过程具备一定的启示性和指引性,但现有研究仍大都基于西方企业情境提出,缺乏具有中国特色的、鲜活的企业实践的诠释和检验。另外,现有研究多停留在概念界定和理论演绎的初始阶段,其内在特征、演进规律和理论模型亟待凝练。

鉴于已有研究缺口,本章选取海尔集团为样本企业,运用探索性纵向案例研究方法,探讨我国大型民营企业在外部竞争环境的跌宕起伏中,如何以系统化的、整体性的战略变革与组织创新应对挑战;并以多重战略匹配性和双元柔性为切入点,力图深度解读人力资源管理这一重要组织职能在驱动战略和组织变革中的独特作用,以期构筑具有中国企业特色的柔性组织分析框架,探索其创建途径,揭示其动态演化过程。

第五章　基于人力资源管理战略匹配性和双元柔性的柔性组织创建过程的案例研究

第二节　研究设计

一、研究方法

本章采用了单案例纵向研究方法，以利于更清晰地观察和探索事情发展的过程及其规律，更好地解释"怎么样"和"为什么"的问题（殷，2017）。该研究方法需要在2个或以上的不同时间点对所选案例企业进行观测和分析，对不同情境下的新问题进行深入的现象描述，以揭示其动态复杂的作用机理。这一方法对探究成熟组织在较长的历史时期内所发生的系列变革、演进机理及路径尤其适用。

二、案例选择

本研究选择海尔集团作为案例企业主要基于以下考虑：①海尔集团规模庞大，是制造企业中的"大象"，符合我们对大型柔性企业创建研究的案例组织选择标准。②海尔集团正在经历着传统家电制造业的变革与转型。伴随着互联网数字化技术和产业转型升级的多重挑战，家电制造企业新一轮的、颠覆性的创新不可避免。选择具有该行业和组织特征的样本企业，有助于我们更好地观察和追踪战略调整、组织变革及对人力资源管理战略匹配的动态过程。③由于本研究拟采用二手资料与一手资料相结合，互为补充和印证的研究方法，故要求案例企业具有一定社会知名度和曝光度、数据丰富易获取。

三、案例资料的获取

为增强研究结论的信度和效度，本研究采用三角测量法，通过多信息来源进行案例分析，主要是在获取丰富的二手资料的基础上，通过一手资料进行信息补充与交叉验证，使其详实有效和避免共同方法偏差。本研究二手资料的获取主要通过以下渠道：①在海尔集团的官方网站获取企业发展和成长历程及典型事件，整理出10万余字的文档资料。②获取有关海尔集团的公开出版物，共计60余本。③通过网络、报刊等媒体收集到500余条与海尔集团相关的报道。④在国内知名学术文献库中，以"海尔变革""海尔战略转型""海尔HRM"等关键词进行检索，查询到博士论文、硕士论文和期刊论文逾1200多篇。与此同时，研究者与海尔集团相关部门就公司组织与人力资源管理柔性化议题进行现场调研和座谈，对以往所收集到的海尔集团资料进行补充和印证。

第三节 案例描述与分析

在柔性组织创建的框架下，描述海尔集团（1984—2017）30余年"战略—组织—人力资源管理"演进过程中的各阶段特征是本研究的分析基础。海尔集团经过三次大的战略调整：名牌化战略与多元化战略（聚焦产品的战略阶段）→国际化战略与全球化品牌战略（聚焦市场的战略阶段）→网络化战略（聚焦组织的战略阶段）；组织结构经历了由传统职能制→基于自主团队的事业部制（战略业务单元和自主经营体）→推行小微网络或平台型组织生

第五章 基于人力资源管理战略匹配性和双元柔性的柔性组织创建过程的案例研究

态圈的三阶段演变；相应地，人力资源管理作为核心的组织管理职能也经历了如下阶段：聚焦于工作或任务 HRM →聚焦于自主团队 HRM →聚焦于创业 HRM。借鉴傅博达的研究，可将海尔集团的柔性组织创建过程分为三阶段：相对刚性阶段、有限柔性阶段和全面柔性阶段。这一基于战略转型的组织柔性化过程，体现了环境更迭下，组织战略、结构与人力资源管理演化之间高度的时空契合性（见表5.1）。

表 5.1 柔性组织创建过程中各阶段特征

组织柔性化特征	相对刚性阶段 （1984—1998年）	有限柔性阶段 （1999—2012年）	全面柔性阶段 （2012年至今）
外部环境	• 相对稳定、可预测性强 • 竞争环境宽松	• 复杂性和动态性增强 • 竞争环境趋于激烈和分化	• 呈现高度的复杂、多变、不确定性 • 进入超竞争环境
组织战略	• 名牌化战略 • 多元化战略	• 国际化战略 • 全球化品牌战略	• 网络化战略
组织结构	• 总体层面：职能制 • 操作层面：自主班组	• 以事业部制为主 • 尝试战略业务单元（SBU）❶和自主经营体的柔性工作组织形式	• 组织内部：小微网络 • 组织外部：共创共赢平台或利益共同体形成的组织生态圈
人力资源管理	• 人员招募：全部正式员工 • 人员配置：人岗匹配 • 能力开发：注重工作技能开发 • 薪酬管理：职位酬	• 人员招募：正式员工雇佣为主，非正式员工雇佣为辅 • 人员配置：人与团队匹配 • 能力开发：注重多技能整合 • 薪酬管理：人单酬	• 人员招募：非正式雇佣员工和合作伙伴为主，正式雇佣员工为辅 • 人员配置：人与创业匹配 • 能力开发：培养创业能力 • 薪酬管理：创客酬
人力资源双元柔性	• 生产环节出现技能柔性的雏形	• 雇佣柔性与技能柔性体现了替代关系	• 雇佣柔性和技能柔性体现了共存、互补关系

---

❶ 战略业务单元，是公司中的一个单位或职能单元，以企业所服务的独立的产品、行业或市场为基础，由企业若干事业部或事业部的某些部分组成的战略组织。

续表

组织柔性化特征	相对刚性阶段（1984—1998年）	有限柔性阶段（1999—2012年）	全面柔性阶段（2012年至今）
组织绩效	•销售收入：这阶段符合增长率营业收入是119%，利润增长每年环比递增是80% •品牌知名度：获得"金马奖""国家质量管理奖""全国十大驰名商标"等荣誉	•组织规模：建立海外工厂18家，营销公司17家，建立五大研发中心 •市场份额：海尔大型家用电器2012年品牌零售量占全球市场的8.6%，比上年提高了0.8个百分点，第四次蝉联全球第一	•营业收入：2013年实现收入622.6亿元，较去年增长12% •市场份额：海尔大型家用电器2014年品牌零售量占全球市场的10.2%，第六次蝉联全球第一 •创新：截至2013年年底，海尔集团累计申请专利15737项，获得授权专利10167项

一、相对刚性阶段（1984—1998年）

该阶段为改革开放初期，国内家电行业环境较为宽松，竞争企业数量少，消费者需求强烈，产品供不应求。海尔集团实施名牌化战略和多元化战略，将更多注意力放在对内部管理的完善与规制。传统的职能制或"筒仓式"组织结构，以各职能为中心，管理层级之间等级森严的体制结构，顺应了内外部环境的需要，也使得企业强调产品质量提升和新产品、新业务拓展等战略目标得以有效实现。

该时期海尔集团采取的管理模式比较简单，强调聚焦于工作和任务本身的人力资源管理策略。①人员招募方面，主要采用传统的正式雇佣模式，雇佣关系单一和同质化；②人员配置方面，实施人岗匹配，即员工的技能必须满足和胜任特定岗位的需求；③能力开发方面，注重干中学、学中干，推崇"赛马不相马",举办技能比赛、明星员工评选(如质量明星、技改明星等),对于星级能手给予适当的物质激励,两届以上可进行"三工"转换或职称评定,督促员工提高岗位技能或任务技能;④薪酬管理方面,主要采取职位薪酬,即员工报酬的差异主要取决于所在岗位的重要性以及所需的技能程度。

该阶段尚未显示外部环境对各层次柔性化的强烈需求,企业注重内部稳定和管理常规化,符合相对刚性组织的基本特征。值得关注的是,生产环节出现人力资源柔性(主要是技能柔性)的萌芽,例如在一线操作层开始自主管理班组的尝试,在冰箱事业部一厂建立了"韩美丽班"等9个自主管理班组,主要是促进质量管理和工作绩效,以适应对生产职能柔性的需求,利于对员工队伍整体的多样性技能、自我管理能力的培养。

二、有限柔性阶段(1998—2012年)

该阶段进入改革开放的深化期,特别是加入世界贸易组织后,外资企业大批涌入国内家电市场,海尔集团被推入日趋激烈的市场竞争之中。外部环境复杂和动态性增大了组织内部变革的压力,海尔集团适时调整为"国际化"和"全球品牌化"战略,通过"走出去""走进去""走上去"的经营模式,同时拓展国内和国际两个市场。伴随着业务流程的柔性,组织结构日趋扁平:构建了以事业部为主的组织架构;并积极进行柔性工作组织形式的尝试:组建战略业务单元(SBU)和自主经营体,全面强化以利润和效率为导向的基层自主管理团队。

有限柔性阶段,海尔集团人力资源管理各实践环节之间呈现水平匹配关系,强调聚焦于自主团队的人力资源管理策略。①人员招募方面,出现分化或异质化趋势，采取组合式雇佣模式，即在一些非核心业务和生产系统中使用派遣、外包员工及实习生等非正式或非典型用工方式，逐渐实现阿特金森提出的雇佣柔性；②人员配置方面，为了更灵活快速地应对国际市场，确立了以团队合作（SBU 和自主经营体）为中心的人力资源管理模式，由强调人与职位的匹配转向强调人与团队的匹配，凸显内部竞争机制和能人激励，包括实施"抢单进入""后备鲶鱼""官兵互选"等措施；③能力开发方面，基层团队建设成为培训开发、绩效评价、人才选拔和文化强化的平台，全面提升员工任职技能、人际能力与认知柔性等综合素质；④薪酬管理方面，推行聚焦外部客户的"人单酬"模式，以自主经营体的市场绩效和用户开拓情况作为付薪的主要依据，强调"我的用户我创造""我的增值我分享"的利益分享机制，具体为自主经营体交足利润、挣够费用、超利分成、自负盈亏。

该阶段人力资源管理柔性程度显著提升，进一步驱动海尔集团向柔性组织过渡和演变。其一，雇佣柔性增强，通过加大非正式用工规模和比例，使得非正式雇佣群体扩张，但主要是在低技能群体中使用派遣和外包用工方式；其二，强调对员工多技能或综合技能的培养，通过包括工作扩大化、工作丰富化、自我管理团队（SBU、自主经营体）、员工参与等人力资源管理实践，起到激发员工潜能、增强员工队伍技能柔性的作用。

三、全面柔性阶段（2012 年至今）

经过 30 余年的持续发展，海尔集团成为名副其实的"大象"企业，2015 年营业额达 1887 亿元，利润总额超过 180 亿元，员工峰值达 11 万余人。2012

第五章 基于人力资源管理战略匹配性和双元柔性的柔性组织创建过程的案例研究

年左右,面临日益巨大的外部环境压力,步入战战兢兢、如履薄冰的全面柔性阶段。首先,互联网技术的快速发展颠覆了传统的商业模式、经营模式和要素组合方式;"工业4.0"和智能制造的呼声加大了技术创新的迫切性。其次,价格鏖战使得本已微利的家电制造企业举步维艰,跨行业竞争者及平台型企业资源集聚的高强能力,对规模庞大的制造集团形成新的威胁。最后,劳动力市场格局出现新变化:2008年颁布、2012年修订的《中华人民共和国劳动合同法》,对非正式用工进行了严格规范,同时全面推行工资集体协商制度,社会保险费用居高不下等。这些外部因素加大了制造企业的运营成本,特别是人工成本,并由外部压力传导至企业内部,形成巨大的组织变革驱动力。

当前海尔集团的变革与前30年有显著不同,其颠覆性质体现在:其一,网络化战略的提出预示着海尔集团将实现由制造型企业向网络化、平台型企业的转型,并以一系列组织创新为先导。2013年年底海尔集团宣布大规模减员,在册员工由最高峰11万人逐步减少至6万人,被裁者多为企业中层管理人员,以打通机构之间的"隔热层"和促进管理队伍的精干化。其二,逐步引进智能制造系统,由大规模制造转为大规模定制生产,推动雇佣柔性向技能柔性的回归。其三,促进组织由正三角结构变为扁平化结构,尝试构建企业内创业的共创共赢平台,通过小微公司和"创客"实践,打造互联网时代的平台型组织生态圈(曹仰峰,2014)。

全面柔性阶段,海尔集团人力资源管理内部延续水平匹配关系,强调聚焦于创业的人力资源管理策略。①人员招募方面,海尔集团仅保留核心人力资源(包括核心管理层、中央研究院研发人员、智能制造部门等)为在册或正式雇员,其他人员逐步转为外部合作人员,或与海尔集团只存在业务合同的伙伴人员。这一变革预示着隶属性的雇佣方式或员工—组织关系将被颠覆，取而代之为基于小微团队的互惠共赢的准合作联盟关系。②人员配置方面，人力资源管理转向以创业为重心，以小微团队为载体，注重与个人发展的匹配，人人都是CEO，人人都是创客，引导员工从执行者到管理者、从打工仔到CEO的转变和职业成长。③能力开发方面，通过委以重任、干中学、试错和反思等培养员工的创业能力和多面手能力，包括前瞻性、高层视野，以及外部资源黏性和整合能力，使得小微团队凭借少量人员就能顺畅运转。④薪酬管理方面，在完善人单酬的基础上，推进创客薪酬，建立自负盈亏、利益分享的小微分配机制，同时注入整体薪酬和非物质激励，让员工获得全方位的激励驱动。

海尔集团在全面实施柔性公司的阶段中，最具颠覆色彩的当属人力资源管理柔性。其一，2014年，张瑞敏宣称计划建设千万个自我雇佣、自负盈亏的小微公司，并将在册员工（正式员工）变身为在线员工（非正式员工或合作伙伴），进行200余个小微公司的实验；2016年，海尔集团提出开始探索HR（人力资源）向ER（创业者资源）转型。其目的是将雇佣柔性发挥到极致，促使"大象"组织具有小公司的柔性。其二，技能柔性呈现复合趋势。在保留组织核心技术和创新能力的基础上，通过小微公司的创建，释放组织的冗余资源，并通过创业平台的搭建，培养员工的综合素质和创业能力，实现组织与员工的协同转型。其三，引进"工业4.0"，利用庞大的外部专业技能人员网络，整合组织的知识和技能库，打破自我培养的"已有能力陷阱"，创意性地实践着阿特金森（1984）的雇佣柔性与技能柔性互补协同效应。

第四节 案例讨论与结论

一、案例讨论与发现

（一）柔性组织创建的关键驱动要素与理论模型

由上述案例分析可知，柔性组织创建或形成需要两个必不可少的驱动要素：人力资源管理的多重战略匹配性和双元柔性。两者之间协同演进，共同驱动着柔性组织不断演化和形成。

1. 人力资源管理的战略匹配性：横纵、内外多重匹配

海尔集团的柔性化过程，始终遵循多重匹配性的原则和逻辑，即人力资源管理存在多层次、系统性的调适和匹配关系，体现了战略匹配性与柔性的互动整合效应，更凸显为战略匹配性对柔性的激发和驱动作用。首先，人力资源管理内部各要素之间的横向匹配（如各阶段的人员招募、人员配置、能力开发和薪酬管理），表明人力资源管理的内在关联逻辑，即单一的人力资源实践或职能模块不能独立作用，必须形成人力资源系统的捆绑，以此发挥综合效能；其次，人力资源管理和其他组织要素（如各阶段的组织战略、结构）达成契合及协同效应，称为纵向匹配；最后，组织内各有机组成部分（如各阶段人力资源管理、组织战略、结构）与外部情境或环境相匹配，做到随环境而舞动，即实现外部匹配。

2. 人力资源双元柔性：替代与互补效应

在柔性组织创建和演变的进程中，海尔集团一直试图处理好人力资源双元柔性：雇佣柔性和技能柔性的替代互补关系，并综合运用和平衡这两种策略工具。其一，相对刚性阶段，一线操作层出现技能柔性的萌芽，并逐步由技能柔性转向雇佣柔性。其二，有限柔性阶段，在低技能群体使用派遣和外包等非正式用工方式，通过调整人员数量和类型的灵活供给，提供了雇佣柔性；对于正式员工则侧重开发多能工和适应组织变革的管理队伍，增强其技能柔性，但存在通过非正式用工等雇佣策略直接、快速降低人工成本，用雇佣柔性替代技能柔性的倾向（Cappelli & Keller，2013；Voudouris，2007）。其三，全面柔性阶段，海尔集团不再将非正式雇佣方式局限在低技能群体，而是囊括了很多高技能、专业性的群体，这些高技能的临时性人员不仅保障了雇佣柔性，还能在专业技术领域对组织创新施加潜在影响（刘翔宇，李新建，2015），体现了雇佣柔性与技能柔性的互补关系（Wright & Snell，1998）。

3. 理论模型构建

借鉴施特劳斯和科宾（1990）提出的扎根研究的典范模型前置条件→核心现象→情境→中介条件→行动/互动→结果，将上述海尔集团案例的重要因素串联故事线，形成逻辑链条（见图5.1）和理论模型（见图5.2）。外部环境趋于复杂和动态的背景下，企业积极探索战略转型和组织柔性化的具体途径，尝试以人力资源管理为切入点创建柔性组织，在柔性组织动态演化过程中（相对刚性、有限柔性、全面柔性阶段），横纵、内外多重匹配的人力资源管理，激活人力资源双元柔性的替代互补效应，改善组织绩效，驱动柔性组织形式不断形成和发展。

第五章 基于人力资源管理战略匹配性和双元柔性的柔性组织创建过程的案例研究

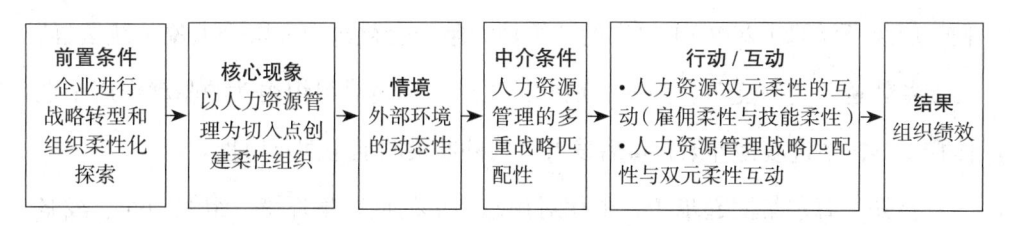

图 5.1 典范模型逻辑推演过程

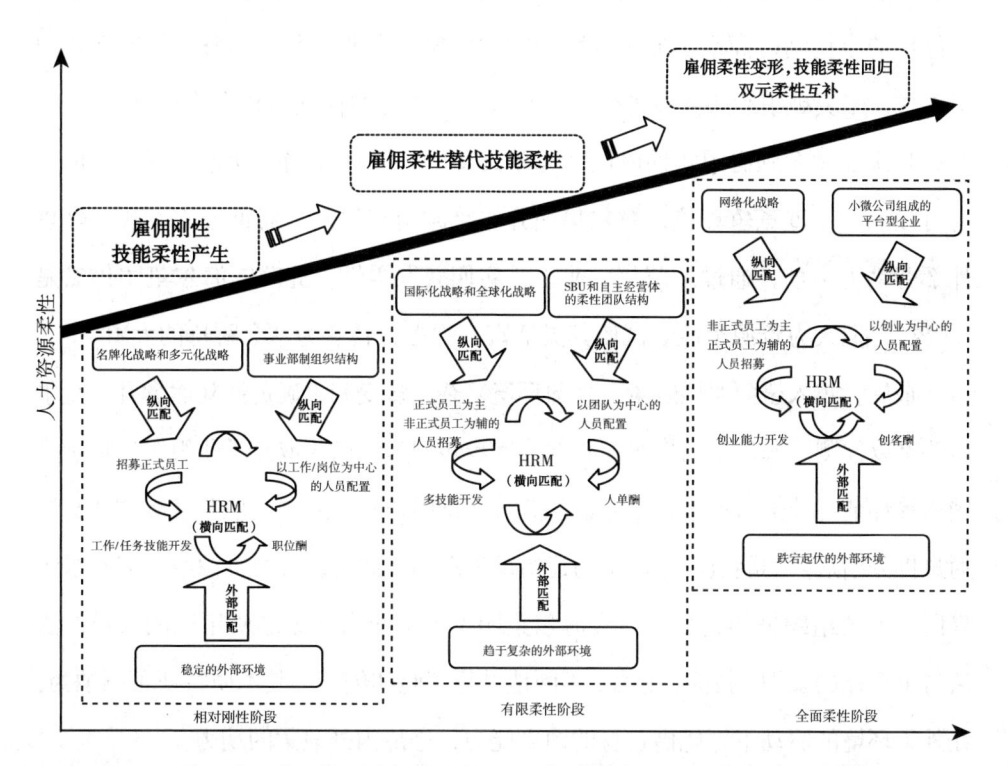

图 5.2 基于人力资源管理战略匹配性和人力资源双元柔性的柔性组织创建过程

（二）柔性组织的动态演化历程：内柔→外柔→内外兼柔

海尔集团柔性组织的创建过程亦是典型的刚性组织向柔性组织的动态涅槃过

· 131 ·

程：历经了汉迪（2006c）提出的"笨拙大象→会跳舞的大象→大象+跳蚤群"的变革轨迹。这一变革较为充分地验证了外部环境对组织柔性的驱动作用；也诠释了其内柔过渡为外柔，最后发展为内外兼柔的动态演化历程。

首先，海尔集团起步于一个相对静态简单的低竞争环境，组织刚性、战略稳定性、管理高控制性、人力资源的常规性等特征赢得了高速发展，从一个不见经传的小型制造商逐步成长为巨型的"大象"企业。此时的海尔集团选择内柔方式，未突破组织边界或外壳，只是在内部进行柔性试验和小改小革。

其次，过渡到有限柔性阶段，海尔集团的外部环境趋于动态、复杂，但仍为可预测的中度竞争环境，海尔集团开始跨越组织界限，倚重外柔方式，聚焦外部劳动力市场，通过外部化、非正式雇佣获取柔性。此时的海尔集团仍然是"大象"，但人力资源柔性尝试使其灵活富有弹性，转变为"会跳舞的大象"。

最后，步入全面柔性阶段，外部环境复杂、多变和不确定性陡然攀升，竞争态势难以预测。海尔集团将非核心部分逐步转型为小微化或元子化组织，特别是销售等环节与外部市场进行全方位的充分、即时对接；对"大象"继续"瘦身"，通过拆分出众多的跳蚤群，逐步构建组织生态圈。此时，人力资源柔性突破组织界限，颠覆组织框架，意图整合海尔集团平台上所有"为之所用"的人员，激活每个个体的知识、技能、能力，不断地进行试验和创新。其本质特征可归纳为：在外柔环境的驱动下，凭借自身的内柔能力，修炼内外兼柔的功力。

二、研究结论与启示

本研究选择海尔集团为样本企业，通过探索性纵向案例研究方法，揭示

第五章　基于人力资源管理战略匹配性和双元柔性的柔性组织创建过程的案例研究

了不同柔性组织阶段的核心要素、特征及其演进趋势，探索了以人力资源管理的战略匹配性和双元柔性为切入点创建柔性组织的理论模型和动态演化过程。

本研究的研究结论包括：第一，深化中国情境下基于人力资源管理的柔性组织理论。已有柔性组织理论分散于诸多研究领域，有概念含混、体系分散、缺乏中国企业的实践印证等缺陷。本书通过对海尔集团30余年的历程分析，系统诠释了具有中国特色的、鲜活的柔性组织创建的动态过程，具体考察了多元利益相关者、内部创业、小微组织、人员激励等诸多理论与实践问题，从而深化柔性组织理论的本土化研究。第二，拓展战略人力资源管理多重适配机制研究。战略人力资源管理学派一直强调人力资源管理的内部匹配，但在新的外部环境下，其多重匹配关系及其作用需重新思考和定位。鉴于此，本书结合更为丰富、更具时代特色和中国特色的海尔集团案例，突破了现有战略人力资源管理多为一种比较静态、脱离特定商业环境和组织情境的研究范式，突出了人力资源管理与组织战略、结构、环境的系统适配特征，并探究了战略适配性与柔性的互动整合机制（Wright & Snell，1998；刘翔宇，2018a）。

本研究对企业实践的启示作用在于：其一，海尔集团的组织柔性化历程充分说明，企业只有不断识别环境变化，像海尔集团一样能动地、前摄性地改变自己和适应环境，积极变革和应对外部挑战，方可在激烈的竞争中生存与发展。其二，员工队伍的整体技能、能力培育对企业核心竞争力的塑造尤为重要。必须关注员工队伍的多重柔性能力建设，为企业的组织变革和战略转型提供坚实的基础和前提条件。

第六章 多重匹配下柔性人力资源管理构型、技能延展力与组织成长性绩效

第六章至第八章构成本书的实证研究板块,从差异化的视角,展现了异质性人力资源柔性能力的特征及其形成、作用机制。其中,本章聚焦于重要的特定人力资源柔性能力——技能延展力,溯源其形成原因,检验柔性人力资源管理构型及两者互动关系对组织成长性绩效的影响;第七章聚焦于人力资源双元柔性能力(数量柔性和功能柔性),检验平台型管理、双元柔性能力与组织创新绩效的作用机理;第八章聚焦于人力资源柔性能力的细分维度——稳态雇佣柔性、稳态技能柔性、动态雇佣柔性、动态技能柔性及其复杂互动关系,验证其在核心—边缘型人力资源管理与组织适应性绩效之间的多重中介作用。

本章通过对大样本企业调研问卷的发放和收集,运用 SPSS19.0 和 MPLUS7.0 等统计软件进行了数据分析,对各项研究假设进行了实证检验。

第六章　多重匹配下柔性人力资源管理构型、技能延展力与组织成长性绩效

第一节　研究背景

进入 21 世纪，在不确定的外部环境下，企业传统的商业模式和管理架构遭遇巨大挑战，已有的资源优势被快速模仿或替代，消费者的需求频繁更迭，行业边界日趋模糊，跨界竞争对手持续涌现。一定意义上讲，诺基亚、柯达等昔日标杆企业的没落衰败，多败于对环境的应变能力。相反，华为技术有限公司、海尔集团、深圳腾讯计算机系统有限公司、北京小米科技有限责任公司等中国企业的崛起也无一不与对柔性能力的培育密切相关。因此，如何更好地增强自身的变革、创新与柔性能力，成为企业复兴与蓬勃发展之基。

依据战略人力资源管理理论，组织核心竞争力的提升有两条路径：一是构建具有战略特征的企业人力资源管理系统；二是拥有具备组织专属特质的员工队伍（workforce）（李新建 等，2017）。在动态性日益增强的外部环境下，如何通过柔性人力资源配置管理进行员工队伍柔性能力的培育成为当务之急。组织柔性能力是一个内涵丰富的集成概念，体现在诸多维度上，但从人力资源柔性管理视角，突出表现为员工队伍的技能延展力，具体形式为组织具备的以员工为载体的前摄性（知识、技能、能力库），是一种不断更新和拓展的潜在能力束。从这种意义上讲，员工技能延展力是企业的创新之源，也是促使组织柔性化及推动其持续成长不可或缺的战略资源。

与此同时，学术界也开始从人力资源柔性视角，透视柔性人力资源管理—组织成长性绩效"黑箱"（李新建 等，2017；Ketkar & Sett, 2010；Lepak et al.，2003；Beltrán-Martín et al.，2008）。虽研究成果颇丰，但仍存在以下不足：①出于思维惯性，现有研究大多关注人力资源柔性的整体影响效应及桥接作用（Ketkar & Sett，2010；Beltrán-Martín et al.，2008），而人力资源柔性构念内涵丰富、界定多元，异质性维度势必存在相悖的作用逻辑和传导机制。因此，抽象出或锁定能够反映出事物间本质特征的核心概念至关重要。从战略人力资源柔性能力的视角出发，技能延展力是指一种能够凸显企业面对复杂动态环境时的前瞻性认知和更新能力，对于组织成长至关重要。但学术界对技能延展力这一关键维度的重要桥接作用关注不够，对其内在作用机理缺乏深入探究；②研究视角较为趋同，偏重对某一特定类型的柔性人力资源管理模式的探讨，如高绩效工作系统（Beltrán-Martín et al.，2008）、平台型HRM（刘翔宇 等，2018a）、高参与人力资源实践、包容型人才开发模式等。但该范式的缺陷在于秉承一元论的视角，将企业人力资源管理系统作为单一而非多元的模式，既制约了对其结构性运行机理的深层揭示，也难以准确反映现实中企业在不同生命周期或不同事业部/业务单元中多种人力资源管理模式并存的现象，无法立体化地透视组织内部在人力资源配置与管理上的结构差异性及其与组织绩效之间的复杂运行关系。③已有文献大多将战略匹配性（fit）与柔性（flexibility）视为非此即彼的替代关系，即仅聚焦于匹配性分析（魏海波 等，2018）或柔性研究（Ketkar & Sett，2010；Lepak et al.，2003；Beltrán-Martín et al.，2008；刘翔宇 等，2018b），鲜少从匹配性和柔性结合视角，将战略、组织与人力资源管理进行整合性研究；并且，多停留在静态或较少变量关系的探讨层面，缺乏系统性、结构化、多变量和多维度的理论探索与实证分析。

第六章　多重匹配下柔性人力资源管理构型、技能延展力与组织成长性绩效

基于上述研究缺口，本研究从战略人力资源管理的构型观和动态能力理论出发，借鉴"结构—行为—绩效"研究范式，构建"柔性人力资源管理构型—技能延展力—成长性绩效"的分析框架，立体化剖析人力资源管理内部异质性组合的本质特征，凸显多重战略匹配的人力资源管理构型与技能延展力的复杂互动关系及其对组织复兴与成长的关键性作用。

第二节　理论基础

一、构型观理论

构型观（configuration view）为一种基于结构主义和系统论的思想或方法论，强调多种要素相互依存组成的整体或变量之间的和谐组合，能够产生同一组织内部要素构成的组合形态之间的互补协同效应。构型理论自20世纪末开始应用于战略人力资源管理研究，主要分析各种人力资源实践的捆绑形态如何形成差异性和结构化的有机系统或模式，强调多变量之间的殊途同归效应（equifinality），认为不同要素组成的差异化组合形态都可能达到理想的绩效表现（Martin-Alcazar et al., 2005；Quinn & Rohrbaugh, 1983），即良好组织绩效的实现途径并非唯一，而是存在若干种合适、有效的人力资源实践捆绑或组合。

战略人力资源管理的构型观理论体现了多重匹配关系（multiple fit）：①通过人力资源管理活动之间的相互补充和支持形成有效的人力资源系统形态，以

实现最大化的横向匹配（horizontal fit）。人力资源实践之间的有效组合（构型）对组织绩效产生的积极影响大于组合内单个人力资源实践独立影响的总和。②人力资源管理必须与其他企业职能，如组织战略、组织结构、经营业务等相适应和契合，达成纵向匹配（vertical fit），才能有效地促进企业成长发展（Martin-Alcazar et al.，2005）。

二、基于多重匹配的柔性人力资源管理构型

基于构型观理论（Quinn & Rohrbaugh，1983），秉承多重战略匹配理念，借鉴奎因和罗尔博（1983）提出的竞值架构模型（Competing Values Framework，CVF），本研究选取组织战略（内部聚焦、外部聚焦）和组织结构（开放和封闭）作为维度划分标准，对企业人力资源管理系统进行构型分析，组合形成 2×2 形态，既体现了人力资源管理系统需要达成各个人力资源实践之间的横向匹配，而并非单一人力资源实践的独立效应；也体现了人力资源管理模式需要与组织战略、组织结构等组织要素达成纵向匹配。经由构型法，提炼出三种典型柔性化人力资源管理模式见图 6.1❶。

---

❶ 经过人力资源管理构型分析，本研究还形成一种刚性导向型 HRM（内部聚焦—封闭型）（图 6.1 左下角），是相对封闭、刚性的人力资源管理模式，经过我国 40 余年的企业改革，该种刚性的人力资源管理类型已经非常少见或只具有理论描述意义，因此本研究将其省略，主要聚焦于具有现实意义的三种柔性人力资源管理模式。

第六章 多重匹配下柔性人力资源管理构型、技能延展力与组织成长性绩效

```
                开放
                 ↑
          ┌──────────────┬──────────────┐
          │ 内部聚焦—开放型 │ 外部聚焦—开放型 │
   组      │ （内柔导向型   │ （内外兼柔导向 │
   织      │    HRM）      │   型 HRM）     │
   结      ├──────────────┼──────────────┤
   构      │ 内部聚焦—封闭型 │ 外部聚焦—封闭型 │
          │ （刚性导向型   │ （外柔导向型   │
          │    HRM）      │    HRM）      │
          └──────────────┴──────────────┘
                 ↓
                封闭
    内部聚焦         组织战略         外部聚焦
```

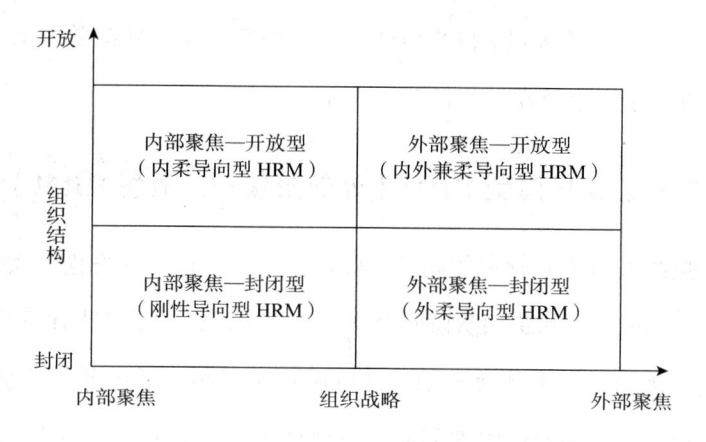

图 6.1 本研究的柔性人力资源管理构型

（一）内柔导向型 HRM（内部聚焦—开放型 HRM）

该模式注重内部化弹性管理，对正式员工队伍强调稳定雇佣及其保障，积极采取工作丰富化、工作重塑、岗位轮换、自主团队、授权、员工参与等多种方式对员工队伍进行广泛的差异化能力培训。除专业技能培训外，企业也注重社交能力、沟通能力、客户关系维系能力等软技能培训，提高员工整体的技能幅度和技能组合能力。

（二）外柔导向型 HRM（外部聚焦—封闭型 HRM）

该模式倾向于通过外部资源直接获取，实现人工成本控制与技能需求满足之间的平衡。具体而言，企业对于多数岗位采用灵活配置人员的策略为：当某些技能人员出现短缺时，通过市场的即时招聘和临时雇佣予以满足。值得注意的是，该雇佣方式多应用于一些专业技能型岗位，以非全日制/兼职员工、个

人承接业务的独立签约人员/自我雇佣员工、外聘专家或顾问等临时聘用人员形式配置（刘翔宇，李新建，2015）。

（三）内外兼柔导向型HRM（外部聚焦—开放型HRM）

该模式强调人力资源管理的内外部弹性渗透和平衡：一方面，激发内部员工技能开发、知识分享和跨团队协同合作；另一方面，秉承"人才不为我所有，但为我所用"理念，高度依赖外部人才的吸纳和开拓，凭借非正式员工配置、跨界人员黏结、众包平台、内部创业、外部结盟等诸多方式，构建企业与内外部员工、组织与组织之间的联盟伙伴关系（霍夫曼 等，2015）。

三、动态能力理论与技能延展力

根据动态能力理论，企业能够通过革新、整合、重塑、变革内部和外部组织技能、资源、职能的动态能力，灵活应对和匹配环境变化，识别潜在机遇，获取瞬时竞争优势（Teece，2007）。从人力资源柔性管理视角来看，这种动态柔性能力体现为组织性的技能延展力，即员工队伍知识、技能、能力束的深化、延伸和动态组合。

技能延展力（skill malleability），是人力资源柔性能力的重要组成部分（Beltran-Martin，2008），指为了应对不确定、动态的外部环境变化，员工队伍展现出来的技能的开拓性、延伸性与主动性应对能力；不仅关注当前与工作相关的技能需求，也及时预见和满足未来潜在的技能要求，是员工队伍能够主动、快速地学习新知识、掌握新方法、执行新任务，增加技能的伸缩性、调整性和快速迁移性，实现技能的延伸和重构的动态柔性能力（李懿 等，2018；李新建，李懿，2017）。

第三节 研究假设与研究模型

一、柔性人力资源管理构型与组织成长性绩效

组织成长性绩效，主要指未来企业在业界的生存和发展情况（雷红生，陈忠卫，2008），包括产品创新、商业模式变革、新客户开拓、员工队伍竞争优势提升、声誉及品牌效应攀升、企业影响力提升等，可视为测量或评价企业潜在成长性的长期绩效指标。

越来越多的学者意识到，仅探讨单一类型的人力资源管理与组织成长性绩效的线性影响过于简单，无法全面反映企业多种人力资源管理模式并存的现实，因而按照不同标准构建多种人力资源管理形态，并在此基础上探索差异化柔性人力资源管理形态与成长性绩效的复杂关系成为近些年的研究热点。例如，较具代表性的有雷帕克和斯奈尔（2002）根据人力资本的价值性和稀缺性特点，将人力资源系统划分为四种类型：承诺型、生产型、控制型、合作型，并随即探讨了不同管理模式的影响效应差异；费尔堡等人（2007）依据"个体—组织""服从—承诺"两个维度，将人力资源捆绑划分为四种类型：科层型、职业型、市场型、灵活型。经验证，职业型人力资源系统的创新导向显著高于其他人力资源系统；程德俊（2009）将人力资源组合归类为：高参与型、市场型、内核—

外圈型和模糊型，其中内核—外圈型比其他三种人力资源组合具有更高的人力资源产出和新产品绩效；江等人（2012）从AMO模型出发，认为人力资源系统包括技能提升型、动机提升型、机会提升型，均显著影响员工队伍流失率和企业运营状况；刘小浪等人（2016）通过跨案例研究，以"人力资本特征"和"员工—组织关系"为维度，提炼出工作型、市场型、关系型、共生型人力资源管理形态，并探索了对于组织理性发展的差异化影响和动态演化机制。

借鉴上述研究，依据构型观的"殊途同归"，即差异化人力资源组合可能通过不同的作用路径达成良好的绩效结果，本书聚焦于柔性人力资源管理构型（包括内柔导向型HRM、外柔导向型HRM、内外兼柔导向型HRM）对组织成长性绩效的立体化积极效应。其一，内柔导向型HRM能够通过对员工能力培训、岗位调整、人员重新配置等措施，提升员工队伍的技能水平知识更新能力，灵活地满足市场和客户的需求，有效地适应环境波动，为企业长远发展奠定基础。其二，外柔导向型HRM倾向于从外部获取人力资源，外部人员很多是专业型、职业性人员，凭借稀缺、异质性能力加入企业业务团队，通过对通用型知识扩展，使知识与技能交流互补，激发创意思维，从而有利于调整企业的产品/服务、工作流程、商业模式等，对组织潜在发展产生积极的促进作用。其三，内外兼柔导向型HRM兼顾组织内、外部柔性的协同塑造和获取，对内进行关键人才的技能开发和知识分享，对外维系松散关联员工和合作伙伴关系，充分发挥每个成员的主动性和创造性，有助于企业在变革与稳定中实现突破和创新，促进其成长。据此，本研究提出以下假设。

H1：柔性人力资源管理构型正向影响组织成长性绩效。

H1a：内柔导向型HRM正向影响成长性绩效。

H1b：外柔导向型 HRM 正向影响成长性绩效。

H1c：内外兼柔导向型 HRM 正向影响成长性绩效。

二、技能延展力在柔性人力资源管理构型与成长性绩效间的中介作用

探索人力资源管理模式与组织成长性绩效的"黑箱"研究，即中介效应是战略人力资源管理的研究焦点。例如，贝尔特伦－马丁（2008）指出，人力资源柔性能力在高绩效工作系统与客户持续满意之间发挥中介效应；魏海波等人（2018）证实，与竞争战略匹配的人力资源管理模式通过人力资源柔性这一重要桥接变量来提升应对外部环境的适应性绩效；肖艳红等人（2018）提出，知识管理模式与能力柔性匹配积极影响企业竞争优势；刘翔宇等人（2018b）探究"平台型 HRM—组织创新""倒 U 型"关系，识别并厘清了人力资源双元柔性能力扮演的独立中介作用和互动中介作用。既有研究虽具有一定探索性，但仍立足于人力资源柔性的整体效应，尚未聚焦于复杂动态环境与组织柔性能力之间的内在关联性。选择技能延展力作为影响组织环境适应和成长的关键因素，是为了进一步对组织核心动态能力进行解构，探讨这一重要中介变量的战略特征，揭示其在柔性人力资源管理形态与组织成长性绩效之间的内在作用机制。

基于此，本研究承继并拓展上述观点，依据动态能力理论，借鉴"结构（管理构型）—行为（柔性能力培育）—绩效（组织绩效）"研究范式，建构"柔性人力资源管理构型—技能延展力—成长性绩效"理论模型，识别多重匹配的人

力资源管理构型，促使员工队伍进行前摄性、主动性技能学习，有效激发和驱动重要的动态柔性能力——技能延展力，帮助企业在动荡环境中不断攫取新的竞争优势，树立业界声誉，促进其潜在成长（见图6.2）。

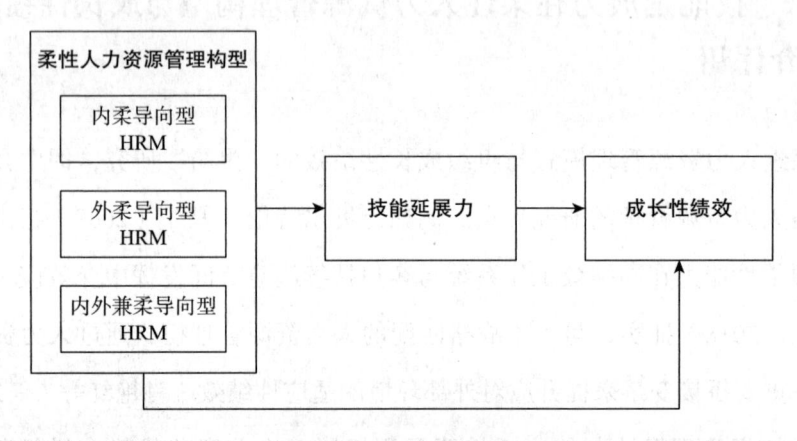

图6.2　本研究的理论模型

其一，内柔导向型HRM强调组织内部柔性的塑造，对于核心员工进行宽泛技能培训，包括本岗位技能培训、本岗位外的技能培训以及应对岗位变化的超前培训，拓展多技能（multiple skill）和全能力（whole ability），持续探索员工队伍的能力幅度与深度，培育技能延展性能力，帮助员工整体迅速预测工作任务的新需求，学习、掌握和应用新技术和新诀窍，从而推动企业长远的、可持续性发展。

其二，外柔导向型HRM侧重人力资源外获，大量外聘专家、技术人员等以参与项目或业务合作等方式从事企业临时性工作，引入"组合式"职业阅历，黏着和迁移新鲜信息，分享和沟通行业新技术及工作新流程，补充宽泛、差异性的技能储备，促使企业知识不断更新，从而极大地改善员工队伍的技能延展力，提升员工队伍的创新能力和企业的潜在发展能力，进而对企业的成长绩效产生积极影响。

其三，内外兼柔导向型 HRM 强调组织边界渗透开放，兼顾组织内外部的频繁互动和相互影响。该模式不仅强调对组织内部员工的培养和锻炼，实现专属性核心知识、技能的保留和传承，而且注重维系非正式雇佣群体和基于业务契约的合作伙伴关系。在这一管理模式下，组织可随时实现人力资源渗透、流动和集散，激发内外部员工之"鲶鱼效应"，使其发现自身技能缺陷，吸纳和补充新技能，聚集发散性、多元化知识并与原有知识有机地组合、拓展，从而构建具备前摄导向的知识技能库。由此，组织既能在动荡环境中赢取主动性，亦能积极探索潜在的发展机遇，最终在传承和发展的互动平衡中实现良好的成长性绩效。据此，本研究提出以下假设。

H2：技能延展力在柔性人力资源管理构型与组织成长性绩效之间起中介作用。

H2a：技能延展力在内柔导向型 HRM 与成长性绩效之间起中介作用。

H2b：技能延展力在外柔导向型 HRM 与成长性绩效之间起中介作用。

H2c：技能延展力在内外兼柔导向型 HRM 与成长性绩效之间起中介作用。

第四节 研究方法

一、样本与数据收集

调研数据收集始于 2017 年 3 月至 2018 年 10 月，历时一年半，收集方式主要依靠朋友、校友、师门关系积极联系北京、天津、上海、武汉、太原、郑州等城市多家企业的中高层管理者,通过熟人介绍的滚雪球方法,不断扩大样本数量。

研究样本企业分布于辽宁、河北、河南、湖北、湖南、山西、广西、广东、安徽等多个省份和自治区,涵盖信息服务业、制造业、金融业等行业,符合随机抽样的要求。样本企业要求组织规模为50人以上,高于卡佩利和纽马克(2004)、魏海波等人(2018)提出的20人规模,同时保证样本企业具备较完善的人力资源管理模式。参考雷帕克和斯奈尔(2002)的做法,笔者对调查对象也进行了严格筛选,限定为在所属企业已任职5年以上的中高层管理者,例如,人力资源部门经理/总监等,保证其能够对企业的现状和未来发展进行较为全面、客观的考量。此外,调查对象特征如下:性别方面,男性占58.2%、女性占41.8%;年龄方面,31~40岁人数最多,占61.1%,41~50岁人数占14.8%,其余占24.1%;学历方面,普遍学历较高,本科学历占74.1%,硕士占19.5%,其余占6.4%。对于中高层管理者采用面对面、电话、微信、邮件、线上电子问卷邀请等多种方式进行访谈和问卷调查。严格遵循每个企业仅限于一位中高层管理者回答问卷的做法,以其填答情况反映所在企业情况。

本研究在正式调研之前,进行了100份调查问卷的预调研,针对预调研情况,邀请20位人力资源专家(包括具有博士学位的高校副教授和教授,以及具有硕士学位且从事重要人力资源管理工作的企业高层管理者)进行问卷和量表的修订。正式调研共发放问卷550份,回收505份,经过认真的审查后,剔除有明显填写错误、漏题、前后回答矛盾的问卷(如S型、Z型)19份,最终获得486份有效问卷,有效回收率为88.4%。样本企业的具体情况见表6.1。

第六章 多重匹配下柔性人力资源管理构型、技能延展力与组织成长性绩效

表 6.1 调研企业样本数据特征

特征	特征值	频次	占比（%）
企业规模	50~100 人	89	18.3
	101~500 人	190	39.1
	501~2000 人	161	33.1
	2001~5000 人	34	7.0
	5000 人以上	12	2.5
企业创立年限	10 年以下	79	16.3
	11~20 年	207	42.6
	21~30 年	131	27.0
	31~40 年	42	8.6
	41~50 年	10	2.1
	51 年以上	17	3.5
企业所有制性质	国企及国有控股企业	76	15.6
	民营企业	282	58.0
	外资企业及中外合资企业	128	26.3
企业所在行业	制造业	144	29.6
	批发/零售业	42	8.6
	交通运输/仓储业	24	4.9
	住宿/餐饮业	21	4.3
	信息服务/软件/信息技术服务	105	21.6
	银行/保险/投资/金融租赁业	18	3.7
	房地产业	39	8.0
	其他	93	19.1

注：N=486。

二、测量工具

本研究的测量问卷大多借鉴或参考成熟量表,并采用德尔菲法邀请了20位人力资源管理专家修订,所有变量测量都采用Likert 5点式量表,"1"表示完全不符合,"5"表示完全符合。

(一) 柔性人力资源管理构型

参考程德俊(2009)量表,并由人力资源专家补充和修订形成,共16个题项。内柔导向型HRM为6个题项,代表性题项如"您所在企业注重对正式员工进行岗位技术、社交能力、客户关系等各方面的能力培训";外柔导向型HRM为5个题项,代表性题项如"您所在企业注重通过项目或业务合作等临时性招募方式获取专业技术人员(包括外聘智囊顾问、兼职技术人员、联盟企业派驻人员等)";内外兼柔导向型HRM为5个题项,代表性题项如"您所在企业注重与非正式员工、客户、合作企业等建立长期的联盟互惠关系"。

(二) 技能延展力

借鉴贝尔特-马丁(Beltrán-Martín et al., 2008)量表,共4个题项,代表性题项如"您所在企业的员工能够不断努力更新自己的技能和能力"。

(三) 成长性绩效

借鉴雷红生和陈忠卫(2008)量表,共5个题项,代表性题项如"未来3年左右,您所在企业在业界将具有更高的影响力"。

（四）控制变量

借鉴休塞里德、扬特等观点，选取企业的规模、创立年限、所有制性质、所在行业等作为控制变量。

第五节 统计分析

一、信度与效度分析

（一）信度分析

本研究所有量表均为成熟量表，运用德尔菲法由20位人力资源专家进行修订，所有量表的Cronbach's α系数均大于0.7，表明量表信度较好。其中，柔性人力资源管理构型（内柔导向型HRM、外柔导向型HRM、内外兼柔导向型HRM）量表Cronbach's α系数为0.778，技能延展力量表Cronbach's α系数为0.721，成长性绩效量表Cronbach's α系数为0.823。

（二）聚合效度分析

运用MPLUS7.0统计软件的结构方程技术对各构念测量模型进行验证性因子分析，结果表明，所有变量的拟合指标均接近或达到标准，即本研究的测量量表具有较好的聚敛性（见表6.2）。

表 6.2 潜变量的模型适配度检验

潜变量	χ^2/df	CFI	TLI	RMSEA	SRMR
适配标准	<5.0	>0.90	>0.90	<0.08	<0.08
内柔导向型 HRM	2.410	0.949	0.929	0.054	0.036
外柔导向型 HRM	1.785	0.989	0.963	0.039	0.019
内外兼柔导向型 HRM	1.503	0.987	0.968	0.031	0.020
技能延展力	2.682	0.971	0.912	0.059	0.022
成长性绩效	4.004	0.959	0.898	0.079	0.034

（三）区分效度分析

采用竞争模型比较法，以五因子模型（内柔导向型 HRM、外柔导向型 HRM、内外兼柔导向型 HRM、技能延展力、成长性绩效）作为基准模型，并与其他竞争模型的拟合优度指标进行比较。结果表明，五因子模型（基准模型）拟合最为理想，即主要构念具有较好的区分效度（见表 6.3）。

表 6.3 区分效度的验证性因子分析结果

模型	因子	χ^2	$\Delta\chi^2$	df	CFI	TLI	RMSEA	SRMR
M1（五因子）	I, E, N, S, GP	296.024		163	0.935	0.917	0.041	0.041
M2（四因子）	I+N, E, S, GP	403.641	107.617	174	0.889	0.865	0.052	0.047
M3（四因子）	I+E, N, S, GP	417.486	121.462	174	0.882	0.857	0.054	0.048
M4（三因子）	I+E+N, S, GP	422.661	126.637	179	0.881	0.858	0.053	0.048
M5（二因子）	I+E+N, S+GP	463.052	167.028	182	0.864	0.843	0.056	0.050
M6（一因子）	I+E+N+S+GP	530.962	234.938	187	0.833	0.812	0.062	0.054

注：$N=486$，I= 内柔导向型 HRM，E= 外柔导向型 HRM，N= 内外兼柔导向型 HRM，S= 技能延展力，GP= 成长性绩效，"+"表示前后因子合并为一个因子。

二、同源方差与多重共线性检验

采用 Harman 单因素检验，对量表的所有条目做探索性因子分析，采取主成分分析法，未旋转提取特征值大于 1 的因子，第一主成分解释 24.77% 的变异量，小于阈值 50%，表明同源方差问题不严重。采用方差膨胀因子（VIF）检验自变量与中介变量之间的多重共线性效应，结果显示 VIF 值介于 1.31~1.87 之间，远小于临界值 10，表明多重共线性效应也不严重。

三、描述性统计和相关性分析

运用 SPSS19.0 对变量的均值、标准差和相关关系进行分析，结果表明，关键变量之间均呈显著正向相关关系（见表 6.4）。

表 6.4 变量的均值、标准差和相关系数

变量	均值	标准差	1	2	3	4	5
1. 内柔导向型 HRM	3.746	0.529	1				
2. 外柔导向型 HRM	3.610	0.622	0.475**	1			
3. 内外兼柔导向型 HRM	3.756	0.598	0.572**	.353**	1		
4. 技能延展力	3.762	0.513	0.517**	0.344*	0.454**	1	
5. 成长性绩效	2.827	0.522	0.520**	0.405**	0.514**	0.576*	1

注：$N=486$，* 表示 $p<0.05$，** 表示 $p<0.01$。

四、假设检验

本研究借助 MPLUS7.0 软件的路径分析方法验证关键变量之间的直接影响

效应。根据马蒂厄和泰勒（2006）提出的比较模型的检验步骤，采用系数乘积法分别验证技能延展力在内柔导向型HRM、外柔导向型HRM、内外兼柔导向型HRM与成长性绩效间的中介效应。

（一）直接效应检验

通过全模型方法，对假设路径模型进行检验，结果见表6.5。研究发现，内柔导向型HRM（$\gamma = 0.149$，$p < 0.01$）、外柔导向型HRM（$\gamma = 0.097$，$p < 0.05$）、内外兼柔导向型HRM（$\gamma = 0.175$，$p < 0.001$）对成长性绩效有显著正向影响，H1a、H1b、H1c均得到支持。内柔导向型HRM（$\gamma = 0.375$，$p < 0.001$）、外柔导向型HRM（$\gamma = 0.159$，$p < 0.001$）、内外兼柔导向型HRM（$\gamma = 0.234$，$p < 0.001$）对技能延展力有显著正向影响。技能延展力对成长性绩效（$\gamma = 0.416$，$p < 0.001$）有显著正向影响。

表6.5 MPLUS 回归分析结果

自变量	因变量	
	技能延展力	成长性绩效
内柔导向型 HRM	0.375***	0.149**
外柔导向型 HRM	0.159***	0.097*
内外兼柔导向型 HRM	0.234***	0.175***
技能延展力		0.416***

注：$N=486$。* 表示在0.05水平显著；** 表示在0.01水平显著；*** 表示在0.001水平显著。

（二）中介效应检验

选择MPLUS7.0的结构方程模型技术进行中介效应检验。构建部分中介模型（M1）、完全中介模型（M2）和无中介作用模型（M3），比较上述模型拟合指数，结果发现：部分中介作用模型（M1）的各项指数更为理想（见表6.6）。

表6.6 结构方程模型的比较

路径模型		χ^2	df	χ^2/df	CFI	TLI	RMSEA	SRMR
M1 （部分中介模型）	HRMC（I、E、N） →GP HRMC（I、E、N） →S→GP	27.806	16	1.739	0.989	0.976	0.039	0.021
M2 （完全中介模型）	HRMC（I、E、N） →S→GP	33.662	19	1.772	0.986	0.975	0.040	0.023
M3 （无中介模型）	HRMC（I、E、N） →GP	363.228	110	3.302	0.839	0.801	0.069	0.058

注：N=486，HRMC=柔性人力资源管理构型，I=内柔导向型HRM，E=外柔导向型HRM，N=内外兼柔导向型HRM，S=技能延展力，GP=成长性绩效，"+"表示前后因子合并为一个因子。

进而，本研究运用MPLUS7.0软件进行Bootstrap分析以检验中介效应显著性。依照麦金农等人（2002）的建议，对间接效应乘积项进行检验，以间接效应在95%置信区间是否包括0来判断中介效应是否显著。随机抽1000个样本进行分析，结果显示，柔性人力资源管理构型（内柔导向型HRM、外柔导向型HRM、内外兼柔导向型HRM）通过技能延展力影响成长性绩效的标准化间接效应95%置信区间均不包括0，说明间接效应均显著（Bootstrap分析结果见表6.7，路径系数见图6.3）。同时，进一步分析表6.7和图6.3可知，技能延展力在内柔导向型HRM—成长性绩效之间中介作用最大（表6.7中完全标准化间接效应系数为 0.156），在内外兼柔导向型 HRM—成长性绩效之间的中介作用次之（表 6.7 中完全标准化间接效应系数为 0.097），在外柔导向型 HRM—成长性绩效之间的中介作用最小（表 6.7 中完全标准化间接效应系数为 0.066）。综上 H2a、H2b、H2c 得到支持。

表 6.7 中介效应检验的 Bootstrap 分析

自变量	中介变量	因变量	完全标准化间接效应	95% 置信区间 下限	上限
内柔导向型 HRM	技能延展力	成长性绩效	0.156	0.100	0.212
外柔导向型 HRM	技能延展力	成长性绩效	0.066	0.029	0.103
内外兼柔导向型 HRM	技能延展力	成长性绩效	0.097	0.061	0.134

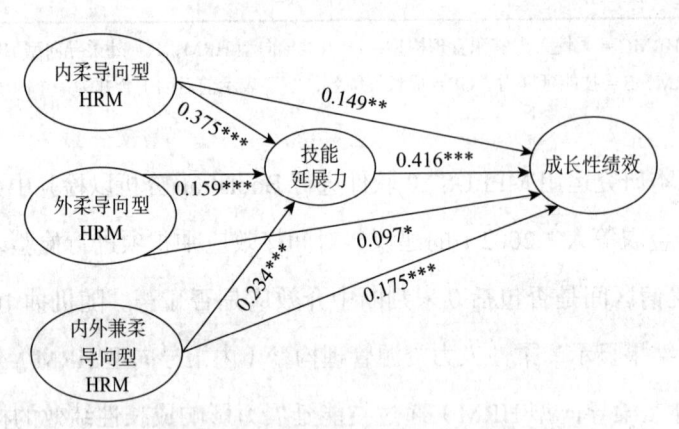

图 6.3 技能延展力部分中介效应的 SEM 路径图

注：* 表示 $p<0.05$，** 表示 $p<0.01$，*** 表示 $p<0.001$。

第六章　多重匹配下柔性人力资源管理构型、技能延展力与组织成长性绩效

第六节　结论与启示

一、研究结论

其一，基于多重匹配的构型分析，提炼出三种典型柔性人力资源管理模式：内柔导向型 HRM、外柔导向型 HRM、内外兼柔导向型 HRM。

其二，柔性人力资源管理构型正向影响组织成长性绩效。已有柔性人力资源管理与组织绩效的关系研究众说纷纭，未达成一致结论，一种观点认为两者之间不存在显著关系，另一种观点认为两者之间存在正相关关系。本研究通过实证检验证实，内柔导向型 HRM、外柔导向型 HRM、内外兼柔导向型 HRM 均积极影响成长性绩效，不仅有力地支持了第二种观点，也证明了构型观理论"殊途同归"的理念（Martin-Alcrzar et al., 2005；Quinn & Rohrbaugh, 1983），即异质性人力资源管理捆绑通过不同的组合方式达成良好的组织绩效，并进一步透视了组织内部人力资源管理结构、特征和影响效应的差异性表现。

其三，技能延展力在"柔性人力资源管理构型—成长性绩效""黑箱"中扮演部分中介角色。该结论有力地支持贝尔特伦 - 马丁等人（2008）、李新建和李懿（2017）、李懿等人（2018）的观点，技能延展力是重要的动态柔性能力，能够有效地充当"黑箱"关系的新型中介变量。

一个有趣的发现是，相较于内柔导向型和内外兼柔导向型 HRM，技能延展力在外柔导向型 HRM 与成长性绩效之间的中介作用最小，原因可能在于：内柔导向型和内外兼柔导向型 HRM 都很注重技能自我培养（make），既包括满足

当前岗位要求的培训，也包括知识技能的更新和拓展培训，刺激员工群体持续学习，不断探索和掌握新技能，培育延展性能力，从而激发企业成长和突破。外柔导向型 HRM 则强调稀缺性技能的直接外部获取（buy）或"拿来主义"，聚焦于企业当前亟须的技能补充，鲜少致力于未来的、前瞻性的技能储备，因此该模式下，技能延展力的桥接作用弱于其他两种管理类型。

二、理论贡献

第一，借鉴战略人力资源管理构型观（Martin-Alcrzar et al., 2005；Quinn & Rohrbaugh, 1983；Lepak & Snell, 2002；Vergurg et al., 2007），提炼异质性人力资源管理类型，为探索人力资源结构化、差异性管理提供了理论前提。基于构型观，对人力资源系统进行了内部解构和有机组合，凝练出三种典型人力资源簇或捆绑，验证了构型观"殊途同归"经典论点，并为透视柔性组织的人力资源管理内部结构，探索人力资源差异化管理的战略效能奠定了较为坚实的研究基础。

第二，识别和挖掘"人力资源管理—组织绩效""黑箱"的新型中介机制。已有的以人力资源柔性为切入点的"黑箱"机制研究，大多关注人力资源柔性的整体中介效应，并未发掘其子维度技能延展力的关键作用。本研究认为，在复杂、多变、不确定的外部环境下，员工队伍的技能延展性能力，能够帮助企业更好地预测和应对未来，从而攫取潜在竞争优势。因此，以技能延展力为桥接变量探索企业转型和复兴的内在过程机理至关重要，为人力资源柔性管理提供了新的研究视角。

第三，诠释和探索人力资源柔性管理的多重匹配特征。本研究的关键变量柔性人力资源管理组合形态，体现了人力资源实践彼此之间的横向匹配。以组织战略和组织结构维度对人力资源管理实践进行构型分析，体现了人力资源管理模式与组织战略、组织结构等组织要素的纵向匹配和互动协同。此外，本研究还尝试将上述多重匹配关系置于人力资源柔性管理的理论框架下，拓展战略匹配性与柔性的互补整合机制研究（刘翔宇 等，2018a，2018b），有力地回答了战略管理的核心争论"匹配性与柔性存在替代性还是互补性关系"，从而将赖特和斯奈尔（1998）的经典观点进一步延伸。

三、管理启示

在组织转型、战略变革的过程中，引导企业构建多重匹配的人力资源管理模式。不存在唯一、最优的人力资源管理模式，企业只有以匹配性为原则，关注人力资源管理内部融合，与组织其他职能模块的契合，以及与外部环境的动态适应，构建满足自身发展需要的人力资源管理系统，才能充分发挥至关重要的战略角色，持续有效地驱动组织变革。

另外，鼓励企业采取丰富的管理实践，激发员工队伍的技能延展力。企业可以采用正式和非正式培训相结合的方式，鼓励员工持续学习，营造宽容的创新氛围，有意识地培育员工的未来导向能力，使其获取技能延展性能力，为自身应对外部环境变化积蓄柔性能力储备。

四、研究局限与未来展望

本研究的局限性表现在：首先，本研究仅采取单一数据来源和特定时点的横截面数据，即通过对企业中高层管理者填答问卷方式收集数据。未来研究可尽量采取多渠道纵向数据的收集和分析，从而获得更为科学和严谨的测量结果。其次，本研究分析了差异化人力资源管理模式对企业绩效的独立影响，但未探索不同管理系统之间的混合效应和转化机制。未来学者们可关注上述研究问题，剖析不同类型的人力资源系统结合后的应用效果及彼此的互动、转化、整合机制，为企业实践带来更多的借鉴启示。

第七章　平台型 HRM、人力资源双元柔性能力与组织创新绩效

第六章、第七章和第八章构成本书的实证研究板块，从差异化的视角，展现了异质性人力资源柔性能力的特征及其形成、作用机制。其中，第六章聚焦于重要的特定人力资源柔性能力——技能延展力，探索柔性人力资源管理构型、技能延展力与组织成长性绩效的关系；第八章聚焦于人力资源柔性能力的细分维度——稳态雇佣柔性、稳态技能柔性、动态雇佣柔性、动态技能柔性，及其复杂互动关系，探讨其在核心—边缘型人力资源管理与组织适应性绩效之间的多重中介作用。

而本章则聚焦于人力资源双元柔性能力（数量柔性和功能柔性），探索双元柔性能力的形成机制，挖掘平台型管理的特质，厘清双元柔性能力的独立中介作用和互动中介作用的作用机理，并运用 SPSS19.0 和 MPLUS7.0 等统计软件进行了数据检验。

第一节　研究背景

在动荡性、不确定性、复杂性、模糊性陡增的网络化时代，创新成为经济发展的新引擎和新动能，如何驱动创新创造成为当代企业生存发展的核心议题。已有研究大都禁锢于传统、同质性的管理形态，探讨高绩效人力资源管理（Beltrán-Martín et al.，2008）、支持性人力资源实践、包容型人才开发模式（贾丹，方阳春，2017）等与组织创新之间的简单线性影响，鲜少关注已经萌生并且势不可挡的平台型 HRM 及其"双刃剑""倒 U 型"曲线效应。同时，以人力资源柔性为桥接变量探索"人力资源管理—创新绩效""黑箱"机制的研究较为匮乏，且主要倾向于分析人力资源柔性常规性细分维度的中介作用，例如，内部柔性和外部柔性（程德俊，2009），资源柔性和协调柔性，技能柔性、行为柔性和实践柔性（Beltrán-Martín et al.，2008），却忽视柔性能力"量""质"兼具、内外并济、动静相宜的双元特质，并缺乏从结构性、立体化视角进一步厘清和检验双元柔性能力之间的独立中介效应和互动中介效应。

鉴于此，本研究以双元悖论为理论视角，挖掘人力资源双元柔性能力兼顾"量（数量柔性）"与"质"（功能柔性）的复合性概念内涵；继而，借鉴"结构—行为—绩效"研究范式，构建"平台型 HRM—人力资源双元柔性能力—组织创新绩效"理论模型，凭借中国情境下 398 个企业中高层管理者的问卷调查数据，检验人力资源双元柔性能力的立体化中介作用，即数量柔性和功能柔性起到的独立中介作用和互动中介作用。

第二节 理论基础与研究假设

一、理论基础

(一)平台型组织与平台型 HRM

受移动互联网、大数据、物联网、人工智能等现代信息技术的推动,由社会生产关系变革、生活消费观念转变促成的共享经济成为全球经济热点,已渗透到各行业领域,涌现出诸如滴滴出行、摩拜单车、小猪短租、猪八戒等一批新型平台型组织,展现出强劲创的新活力。平台型组织可视为在"互联网+"的平台战略和"突破组织边界,连接多边资源,实现价值创造"平台思维基础上萌生和涌现的柔性组织。共享经济新经济业态下,企业竞相寻求自由、开放,与诸多利益相关者参与互动,与外部环境动态适应,黏结异质性资源,凝聚超组织力量,协同创新,溢出价值,创建整合、分享、合作的平台。

平台型 HRM,意在帮助企业探索和构建自组织、阿米巴团队、动态合伙人、众包网络、生态圈等组织形态,是诸多平台型组织着力打造的"小核心层+大外围层""不求人才为我所有,但求人才为我所用"的柔性人力资源管理模式(霍夫曼 等,2015)。具体而言,企业通过工作扩大化、轮岗、自我管理团队等方式激发内部核心员工(数量和比例均较少)对技能多样性和延展性的主动开发行为,注重跨部门、跨团队及员工之间基于知识和技能分享的合作。更为强调的是，高度依赖于对大量外部人才的即时获取，注重非正式雇佣、临时性工作安排、跨边界人才网络、众包平台等外部劳动力市场导向的人力资源获取与整合策略；通过倡导企业内部创业、创建小微平台、合伙人利润分享、利益相关者共赢等管理方式，逐渐将员工对企业传统的依附关系转变为联盟互惠式的合作伙伴关系。

（二）人力资源双元柔性能力

双元悖论观（duality & paradoxical view）是指从管理悖论出发，辩证整合地解读组织管理中相互关联、相互矛盾的现象（如探索性学习和利用性学习、变革和稳定、有机式组织结构和机械式组织结构等），从中寻找冲突互补的兼容性，探索矛盾统一的双元因素的复杂互动关系及其对组织的立体化影响效应（庞大龙 等，2017）。

借鉴双元悖论理论视角（庞大龙 等，2017），人力资源双元柔性能力可视为组织有效适应和应对外部环境变化并基于资源配置和员工管理的双元动态能力。究其根本，这种动态能力是对企业人力资源整体的"量"（数量柔性）和"质"（功能柔性）的综合调控能力，双元思维互为对立、相辅相成，强调内外整合、量质并举，展现柔性悖论（flexibility paradox）的复合性内涵。企业通过探寻两者平衡和实施协调策略，增大其张力，达成组织创新和成长的目的。

具体而言，数量柔性（numerical flexibility）是指通过对雇佣形式的契约性变更，实现企业对员工队伍数量及类型的配置调整，以达到控制雇佣成本和灵活满足劳动力需求的能力（Atkinson，1984）。具体而言，企业可通过外部化用工、非典型雇佣方式等，将传统的"员工—组织"关系转变为准雇佣契约关系或者合作伙伴关系，例如，弹性配置和管理兼职员工、派遣员工、外包人员、自我雇佣人员或独立签约者、外聘专家顾问等人员。

功能柔性（functional flexibility）是指为更好地适应和匹配外部环境，企业通过培训、团队作业、轮岗等方式，增加员工队伍的技能数量和幅度，改善员工队伍的技能组合，从而使之更好地履行员工队伍的功能或任务。具体而言，企业通过培育员工队伍的技能多样性，使员工能够从事不同的任务，应对不同的工作情境，快速地迁移到新的工作内容；或者开发员工队伍的技能延展性，拓展现有技能范围的同时，及时预测未来的能力要求，让员工前摄性地学习和掌握新技能。

二、研究假设

（一）平台型 HRM 与组织创新绩效

平台型 HRM 强调组织边界模糊和渗透，资源共享流动，网络化管理模式，对外维系松散关联员工和合作伙伴关系，积极吸纳技术外获、研发外包和外部智囊，加强联盟伙伴之间的知识迁移和互动学习（刘翔宇，李新建，2015），扩大知识边界，激发互补性经验诀窍萌生，促进异质性知识信息的碰撞交互，有助于增强反思、知识重构和创新启发（Matusik & Hill，1998）。然而，值得注意的是，一旦过度运用平台型 HRM，组织边界将更为模糊、渗透，导致企业的注意力过于分散，已有的专属性技能创新难以传承和持续，自身赖以生存的 KSAO（知识、技能、能力）稳定性和控制性遭遇巨大挑战，企业可能无法平衡稳定与变革的困境，难以收放自如，反而陷入过度弹性的沼泽，滑落至混沌组织状态（丁宁宁，孙悦，2015）。据此，本研究提出以下假设。

H1：平台型 HRM 与组织创新绩效之间呈"倒 U 型"曲线关系。

（二）平台型 HRM 与人力资源双元柔性能力

平台型 HRM 强调组织边界渗透开放，注重非正式雇佣群体和基于业务契约关系的合作伙伴（例如供应商、客户、合作企业）的流动和集散，意图满足外部环境变化对于企业规模弹性和技能储备的要求。

1. 平台型 HRM 显著影响数量柔性

该模式越来越依赖松散的、非典型的外部化人员，传统的、隶属性的员工—组织关系逐步更迭为互惠性伙伴关系/合作关系。这些非正式员工流动性和灵活性更强，能够随时集散，降低了雇佣和管理成本，当企业需求产生波动更迭时，能够灵活地调整和遣散，为企业带来极致的雇佣弹性。

2. 平台型 HRM 显著影响功能柔性

该模式倡导员工主动进行正式和非正式学习，实施以员工为主导的市场导向培训，包括多技能或综合素质开发，创新能力和创业能力的培育，并积极进行前沿知识的拓展和深化。与此同时，大量柔性雇佣群体中，包括一些高技能和专业性的人才（如外聘专家顾问），能在专业技术、管理领域对企业的核心部分施加潜在影响（Matusik & Hill，1998）。因此，组织内外部频繁互动、相互影响，形成了整合性、前摄性技能储备，有望达成内外兼柔的协同效应。据此，本研究提出以下假设。

H2：平台型 HRM 显著影响人力资源双元柔性能力。

H2a：平台型 HRM 显著影响数量柔性。

H2b：平台型 HRM 显著影响功能柔性。

（三）人力资源双元柔性能力与组织创新绩效

当前，学术界对人力资源柔性能力与组织创新绩效的关系，尚未达成共识。一种观点认为，二者之间存在线性正向影响；也有观点认为，存在"柔性陷阱"，即人力资源柔性能力与组织创新绩效之间呈负向关系。本研究认为，学术界对于人力资源柔性能力与创新绩效的关系众说纷纭、莫衷一是的原因在于，人力资源柔性与组织创新之间同时存在积极倾向和消极倾向的"双刃剑"效应。

1. 数量柔性与创新绩效存在"倒 U 型"曲线关系

在达到适度柔性之前，数量柔性能够促进组织创新。组织内外部员工和合作伙伴进行资源分享和通用型知识迁移，黏着多元化、异质性的知识，促进知识的流动和碰撞，开拓思维、启迪灵感，持续驱动企业与消费者之间联合研发、供应商与客户之间协同互动、产学研三重螺旋创新等。然而，依据过犹不及定律，一旦企业过分倚重数量柔性，规模庞大的外部人员与正式员工形成身份断层（faultline）和心理隔离，将引发正式员工的雇佣不安全感，降低组织承诺和忠诚度，激发员工冲突，致使企业关系松散和涣散，脆弱的合作关系逐渐走向倦怠，缺乏联合创新动机，甚至滋生谋求自身利益的机会主义倾向而导致创新知识外泄，从而引发创新停滞等负面效应。

2. 功能柔性与创新绩效之间存在"倒 U 型"曲线关系

功能柔性是指员工队伍拥有的技能总量、幅度和协同组合情况。当企业适度发展功能柔性时,能够改善组织人力资源资本库的知识、技能、能力,提炼、整合、配置不易被模仿和替代的企业专属性技能组合,为组织的技术创新、新兴市场开拓等奠定基础。然而,一旦功能柔性培育过度,在加大企业培训投资的同时,也增加了大量、松散相关的"冗余性"技能和"富余"人员,使组织创新兴趣分散,缺乏聚焦点,无法专注于自己专业领域内的创新、创造,导致"乱花渐欲迷人眼"的消极影响,破坏渐进式创新的进程和效果。据此,本研究提出以下假设。

H3:人力资源双元柔性能力"倒 U 型"影响组织创新绩效。

H3a:数量柔性"倒 U 型"影响组织创新绩效。

H3b:功能柔性"倒 U 型"影响组织创新绩效。

(四)人力资源双元柔性能力的独立中介作用和互动中介作用

近年来,以人力资源柔性能力为中介变量探索"人力资源管理—创新绩效""黑箱"机制的研究较为鲜见,但逐渐引起学者们的关注。例如,贝尔特伦-马丁(2008)指出,高绩效工作系统通过人力资源柔性这一中介变量而最终作用于组织创新绩效。丁宁宁和孙锐(2015)提出,人力资源实践构型通过关系协调型人力资源柔性能力的桥接作用,间接影响业务单元层次的创新绩效。秦伟平等人(2015)验证出内隐协调的柔性能力在人力资源管理实践与跨职能团队创造力之间扮演中介角色。

第七章　平台型 HRM、人力资源双元柔性能力与组织创新绩效

近些年，学术界逐步意识到，中介效应可能不仅是单维度柔性能力非此即彼的影响效应，更表现为多维度或多因素之间的互动关系。一方面，企业可以同时运用数量柔性和功能柔性，并且寻求两者之间的最佳混合方式（optimal mix）或平衡效应（balance effect），如企业拓展内部员工的差异化或多样性技能的同时，还适度雇佣一些外部临时性人才，两种措施并举，且应用程度均衡，从而促进"自己人"与"外脑"协调匹配。另一方面，将数量柔性和功能柔性进行整合运用，发挥其互补协同效应（complementary & synergy effect）。例如，刘翔宇和李新建（2015）以外获专业技术人员群体为研究对象，指出企业的信息分享实践可驱动跨组织学习，激发该群体自身的雇佣柔性与技能柔性的互补整合效应，从而有效地驱动创造力的萌生和迸发。

鉴于此，本研究借鉴"结构—行为—绩效"经典范式，构建出平台型 HRM—人力资源双元柔性能力—组织创新绩效的理论模型（见图 7.1），识别出兼具数量柔性和功能柔性的双元柔性能力是由平台型人力资源管理模式激发的独特动态能力，凭借两者之间异质性的独立中介作用，或两者之间平衡互补的互动中介作用，帮助企业在动荡环境下不断撷取创新优势。据此，本研究提出以下假设。

H4：人力资源双元柔性能力在平台型 HRM 与组织创新绩效之间起中介作用。

H4a：数量柔性和功能柔性在平台型 HRM 与组织创新绩效之间起独立中介作用。

H4a-1：数量柔性在平台型 IIRM 与组织创新绩效之间起中介作用。

H4a-2：功能柔性在平台型 HRM 与组织创新绩效之间起中介作用。

H4b：数量柔性和功能柔性在平台型 HRM 与组织创新绩效之间起互动中介作用。

H4b-1：数量柔性和功能柔性之间的平衡效应在平台型 HRM 与组织创新绩效之间起中介作用。

H4b-2：数量柔性和功能柔性之间的互补效应在平台型 HRM 与组织创新绩效之间起中介作用。

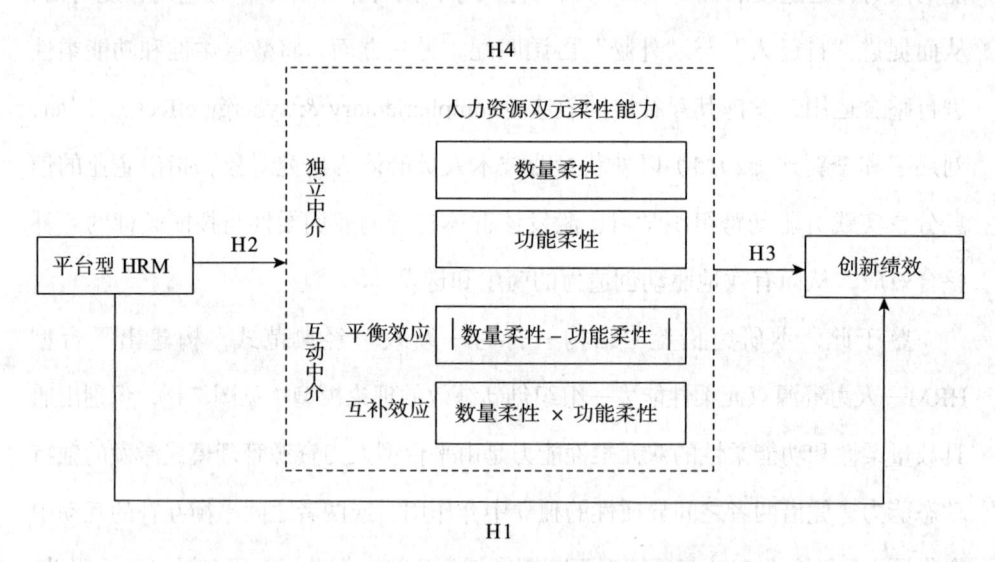

图 7.1 平台型 HRM 对创新绩效影响的理论模型

第三节 研究设计

一、样本收集

调研数据收集始于 2016 年 10 月，至 2018 年 1 月结束。数据收集的方式主要有两种：一是依靠朋友、校友、师门关系联络到北京、上海、西安、杭州、厦门、南京、深圳等多个城市的企业中高层管理者，并采用滚雪球方式扩充调查样本，收集数据；二是借助"问卷星"网络服务平台辅助发放和回收问卷。本研究要求调查对象必须为企业的中高层管理者（如人力资源总监），问卷填答情况反映其所在企业情况。调查问卷主要围绕动态环境下平台型 HRM、人力资源双元柔性能力与企业创新绩效关系的研究主题展开，涵盖四部分内容：平台型 HRM 应用程度、人力资源双元柔性能力（数量柔性和功能柔性）应用程度、企业创新绩效表现以及答题者所在企业背景信息等。正式调研数据共发放 425 份，回收问卷 410 份，经过严格筛查后，最终获得 398 份有效问卷，有效回收率为 93.6%。

样本企业规模为 50~100 人的占 18.3%，101~500 人的占 38.7%，501~2000 人的占 34.4%，2001~5000 人的占 6.3%，5001 人以上的占 2.3%；企业创立年限 10 年以下的占 16.6%，11~20 年的占 43.2%，21~30 年的占 25.6%，31~40 年的占 9.3%，41~50 年的占 2.0%，51 年以上的占 3.3%；企业所有制情况，国有企业或国有控股企业占 16.3%，民营企业占 57.5%，外资企业占 15.6%，中外合资企业占 10.6%；企业所在行业主要集中在制造业和信息服务业，占比分别为 36.2%、20.4%，房地产、建筑业和交通运输业占比率为 16.8%，其他行业占比率为 26.6%。

二、测量工具

（一）平台型 HRM

本部分量表参考程德俊（2009）的研究量表，并运用德尔菲法由 20 位人力资源领域专家修订而成。共包括 6 个题项，代表性题项如"您所在企业注重为核心员工提供轮岗、工作扩大化以及参加项目小组、跨部门团队、自我管理团队等机会""您所在企业注重与非正式员工、供应商、顾客、合作企业等建立长期的联盟合作关系""您所在企业注重与员工之间建立基于收益或利益分享的报酬机制"。

（二）人力资源双元柔性能力

该部分量表借鉴例如贝尔特伦－马丁（2008）、孟繁强（2008）的研究量表修订而成。其中，数量柔性共5个题项，代表性题项如"您所在企业所有非正式雇佣人员（短期工、非全日制员工/兼职员工、派遣员工、外包员工/业务外包人员、外聘专家顾问、返聘技术人员、合作企业派驻本企业的人员及个人承接业务的独立签约人员等）占企业员工总数的比例""您所在企业中聘用的短期工、非全日制工、兼职工、派遣工、外包工等占普通员工（非核心岗位员工）总数的比例""您所在企业中的外部聘请的专业技术人员（包括外聘专家顾问、返聘技术人员、联盟企业派驻人员及个人承接业务的独立签约人员等）占企业专业技术人员总数的比例"；功能柔性共8个题项，代表性题项如"您所在企业的员工队伍能够拥有多种技能，以适应岗位变化或新的工作任务需求""您所在企业的员工队伍具有除了胜任本部门/岗位工作之外，也能在短时间内，快速转移到其他部门/岗位工作的能力""您所在企业员工队伍能够及时预见未来的技能要求，并主动进行自我学习"。

（三）创新绩效

本部分借鉴张和李（2010）、胡畔和于渤（2017）的研究量表，共5个题项，代表性题项如"您所在企业推出新产品的速度""您所在企业推出新产品的数量""您所在企业产品的新颖程度"等。

在借鉴或参考成熟量表的基础上，本研究关键变量运用德尔菲法由20位人力资源领域专家（5位学术专家和15位企业专家）修订而成，所有变量测量都采用李克特五点式量表，依次划分为"非常不符合""比较不符合""一般""比较符合""非常符合"。另外，本研究选取了企业规模、企业创立年限、企业所有制性质、企业所在行业等作为控制变量。编码方式为：50~100人=1，101~500人=2，501~2000人=3，2001~5000人=4，5001人以上=5；10年以下=1，11~20年=2，21~30年=3，31~40年=4，41~50年=5，51年以上=6；国企及国有控股企业=1，民营企业=2，外资企业=3，中外合资企业=4，其他=5；制造业=1，房地产业=2，建筑业=3，交通运输业=4，信息服务业=5，咨询/中介服务业=6，金融业=7，教育/卫生医疗业=8，文化/娱乐业=9，其他=10。

第四节 实证分析

一、信度和效度分析

（一）信度

平台型HRM量表的Cronbach's α值为0.696，数量柔性量表的Cronbach's α值为0.809，功能柔性量表的Cronbach's α值为0.726，组织创新绩效量表的

Cronbach's α 值为 0.831，均接近或大于 0.7，因此，本研究量表均具有较高的可靠性。

（二）聚敛效度

采用 MPLUS7.0 统计软件的结构方程技术对各构念的测量模型进行验证性因子分析，平台型 HRM 的 TLI 值接近阈值，其余构念拟合指标均达到标准。另外，所有变量测量题项的标准化因子载荷、组合信度 CR 和平均变异萃取量 AVE 均达到标准，t 值均达显著性水平，表明本研究量表均具有较好的聚敛性（见表 7.1）。

表 7.1 潜变量模型适配度检验

潜变量	χ^2	df	χ^2/df	CFI	TLI	RMSEA	SRMR	CR	AVE	因子载荷
适配标准	—	—	<5.0	>0.90	>0.90	<0.08	<0.08	>0.50	>0.5	>0.40
平台型 HRM	17.867	5	3.573	0.920	0.841	0.070	0.034	0.936	0.774	0.480~0.560
数量柔性	34.799	20	1.740	0.972	0.960	0.038	0.030	0.979	0.854	0.444~0.576
功能柔性	30.466	18	1.693	0.967	0.949	0.044	0.034	0.978	0.849	0.453~0.560
创新绩效	8.138	4	4.199	0.982	0.955	0.054	0.029	0.964	0.848	0.419~0.651

（三）区分效度

采用竞争模型比较法，将四因子模型（平台型 HRM、数量柔性、功能柔性、创新绩效）作为基准模型，与其他模型比较，结果表明，四因子模型（基准模型）拟合最为理想，即主要研究构念均具有较好的区分效度（见表 7.2）。

表 7.2 变量区分效度的验证性因子分析结果

模型	因子	χ^2	$\Delta\chi^2$	df	χ^2/df	CFI	TLI	RMSEA	SRMR
基准模型 M1（四因子）	P, N, F, I	239.110		136	1.758	0.933	0.916	0.047	0.049
M2（三因子）	P, N+F, I	646.563	407.453	139	4.652	0.670	0.594	0.102	0.138
M3（二因子）	P+I, N+F	647.243	408.133	141	4.590	0.671	0.601	0.101	0.138
M5（二因子）	P, N+F+I	609.627	370.517	141	4.324	0.696	0.631	0.097	0.082
M4（二因子）	P+N+F, I	608.433	369.323	141	4.315	0.696	0.632	0.097	0.082
M6（一因子）	P+N+F+I	678.140	439.030	147	4.613	0.655	0.599	0.102	0.085

注：P 表示平台型 HRM，N 表示数量柔性，F 表示功能柔性，I 表示创新绩效，"+"表示前后因子合并为一个因子。

二、同源方差与多重共线性检验

采用 Harman 单因素检验，将问卷的全部条目做探索性因子分析，运用主成分分析法，未旋转提取特征值大于 1 的因子。第一主成分解释了 25.073% 的变异量，未超过建议值 50%，可排除所测变量的同源方差现象对结论的影响。采用方差膨胀因子（VIF）检验自变量与中介变量之间的多重共线性效应，结果显示这些相关变量的 VIF 值介于 1.049~1.449 之间，远小于临界值 10，表明多重共线性效应不严重。

三、变量相关性分析

利用 SPSS19.0 对各变量的均值、标准差以及变量间的相关关系进行分析，结果如表 7.3 所示。平台型 HRM、数量柔性、功能柔性、创新绩效两两之间均呈显著相关关系。

表 7.3　变量的均值、标准差和相关系数

变量	均值	标准差	1	2	3	4
1. 平台型 HRM	3.762	0.595	1			
2. 数量柔性	2.147	0.473	−0.165**	1		
3. 功能柔性	3.726	0.473	0.544**	−0.206*	1	
4. 创新绩效	3.841	0.519	0.520**	−0.146**	0.622**	1

注：N=398，* 表示 $p<0.05$，** 表示 $p<0.01$。

四、直接效应检验

借鉴徐鹏等人（2016）的方法，本研究采用 SPSS19.0 软件，运用层级回归方法，验证平台型 HRM 与创新绩效，人力资源双元柔性能力与创新绩效之间的曲线关系。为避免潜在的多重共线性的问题，本研究将生成的平方项变量都进行了中心化处理。

其一，检验平台型 HRM 与创新绩效之间的曲线关系。将控制变量放入模型 1，并在此基础上放入平台型 HRM，平台型 HRM 平方。由表 7.4 可知，平台型 HRM 一次项系数显著为正，平台型 HRM 平方项系数显著为负（$\beta=-0.128$，$p<0.01$），说明平台型 HRM 与创新绩效呈"倒 U 型"曲线关系，即相对于中等程度的平台型 HRM 而言，不足或过度的平台型 HRM 导致的组织创新绩效水平更低。由此表明 H1 得到验证（见图 7.2）。

其二，检验人力资源双元柔性能力（数量柔性、功能柔性）与创新绩效之

第七章 平台型HRM、人力资源双元柔性能力与组织创新绩效

间的曲线关系。将控制变量放入后，再分别放入数量柔性、数量柔性平方，以及功能柔性、功能柔性平方。由表7.5可知，数量柔性一次项系数显著为负，数量柔性平方项系数不显著（$\beta=0.041$，$p>0.1$），说明数量柔性与创新绩效呈显著的线性负向影响，由此表明H3a没有得到验证。功能柔性一次项系数显著为正，功能柔性平方项系数显著为负（$\beta=-0.204$，$p<0.01$），说明功能柔性与创新绩效呈"倒U型"曲线关系，即相对于中等程度的功能柔性而言，不足或过度的功能柔性导致的组织创新绩效水平更低，由此表明H3b得到验证（见图7.3）。综上，假设3得到部分验证。

表7.4 平台型HRM对创新绩效的回归分析

自变量	因变量（创新绩效）		
	模型1	模型2	模型3
企业规模	−0.003	0.025	0.027
企业创立年限	0.013	0.003	0.003
企业的所有制性质	−0.030	−0.022	−0.022
企业所在的行业	0.020*	0.023**	0.025
平台型HRM		0.460***	0.425***
平台性HRM2			−0.128**
F值	1.891***	28.974***	25.726***
R^2	0.021	0.296	0.310
Adjusted R^2	0.010	0.286	0.298
ΔR^2	0.021	0.275	0.014

注：+ 表示$p<0.1$，* 表示$p<0.05$，** 表示$p<0.01$，*** 表示$p<0.001$。

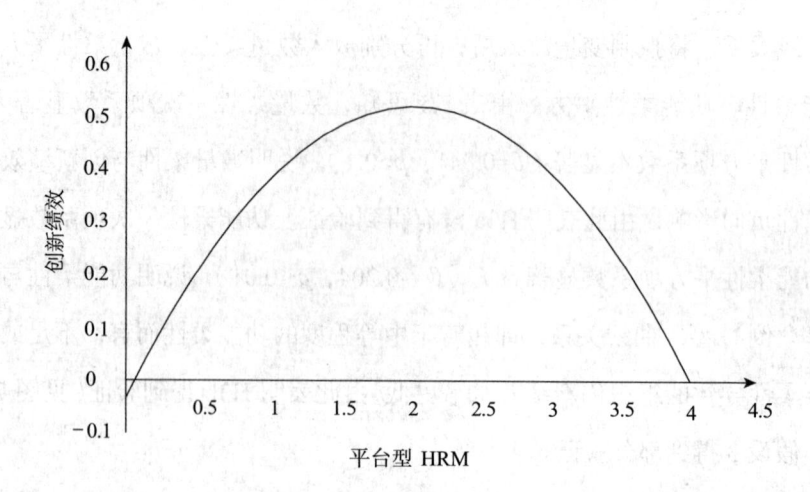

图 7.2 平台型 HRM 与组织创新绩效的"倒 U 型"曲线关系

表 7.5 人力资源双元柔性能力对创新绩效的回归分析

自变量	因变量（创新绩效）				
	模型 4	模型 5	模型 6	模型 7	模型 8
企业规模	−0.003	0.005	0.005	0.018	0.016
企业创立年限	0.013	0.018	0.017	−0.002	0.001
企业的所有制性质	−0.030	−0.029	−0.026	−0.026	−0.026
企业所在行业	0.020*	0.019*	0.018	0.012+	0.010
数量柔性		−0.072*	−0.094**		
数量柔性 2			0.041		
功能柔性				0.676***	0.623***
功能柔性 2					−0.204**
F 值	1.891***	2.861***	2.795***	45.196***	40.343***
R^2	0.021	0.040	0.047	0.396	0.414
Adjusted R^2	0.010	0.026	0.030	0.388	0.403
ΔR^2	0.021	0.018	0.007	0.375	0.017

注：+ 表示 $p<0.1$，* 表示 $p<0.05$，** 表示 $p<0.01$，*** 表示 $p<0.001$。

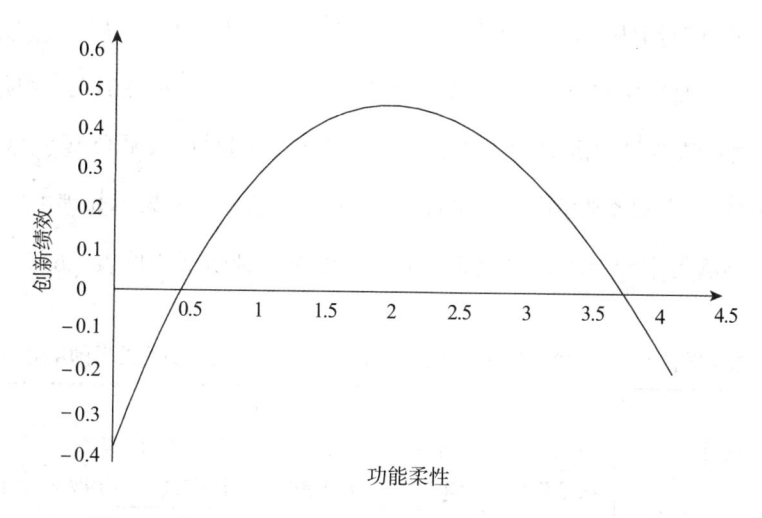

图 7.3 功能柔性与组织创新绩效的"倒 U 型"曲线关系

五、中介效应检验

本研究凭借 SPSS19.0 软件和 MPLUS7.0 软件，采用层级回归法和 Bootstrap 法分别检验平台型 HRM 与组织创新绩效的"倒 U 型"曲线关系中，人力资源双元柔性能力发挥的立体化中介作用（独立中介作用和互动中介作用）。

（一）独立中介作用检验

其一，数量柔性对于平台型 HRM 与组织创新绩效之间"倒 U 型"关系的中介效应检验。采用巴伦和肯尼（1986）三步骤层次回归分析方法检验中介效应。首先，控制企业规模、创立年限、所有制性质、所在行业变量后，将平台型 HRM、对数量柔性进行回归分析发现，平台型 HRM 对数量柔性有显著影响（$\beta=-0.271$，$p<0.001$），表明 H2a 得到验证。其次，将平台型 HRM、平台

型 HRM 平方对组织创新绩效进行回归分析表明,平台型 HRM 一次项系数显著为正,平台型 HRM 平方项系数显著为负（$\beta=-0.128$, $p<0.01$）,说明平台型 HRM 与创新绩效呈"倒 U 型"曲线关系。最后,同时放入平台型 HRM、平台型 HRM 平方、数量柔性预测创新绩效。数量柔性的预测效果不显著（$\beta=-0.031$, $p>0.1$）,不满足中介要求,由此表明 H4a-1 没有得到验证（见表 7.6）。

表 7.6 数量柔性对于平台型 HRM 与组织创新绩效"倒 U 型"曲线关系的中介效应检验

自变量	因变量					
	模型 9	模型 10	模型 11	模型 12	模型 13	模型 14
	数量柔性	数量柔性	创新绩效	创新绩效	创新绩效	创新绩效
企业规模	0.111	−0.095	−0.003	0.025	0.027	0.030
企业创立年限	0.062	0.068	−0.013	0.003	−0.003	0.005
企业所有制性质	0.009	0.004	−0.030	−0.022	0.022	−0.022
企业所在行业	−0.023	−0.025	0.020*	0.023**	0.025**	0.024**
平台型 HRM		−0.271***		0.460***	0.425***	0.415***
平台型 HRM2					−0.128**	−0.131**
数量柔性						−0.031
F 值	2.894***	4.278***	1.891***	28.974***	25.726***	22.322
R^2	0.032	0.059	0.021	0.296	0.310	0.314
Adjusted R^2	0.021	0.045	0.010	0.286	0.298	0.300
ΔR^2	0.032	0.026	0.021	0.275	0.014	0.003

注:+ 表示 $p<0.1$,* 表示 $p<0.05$,** 表示 $p<0.01$,*** 表示 $p<0.001$。

其二,功能柔性对于平台型 HRM 与组织创新绩效之间"倒 U 型"关系的中介效应检验。沿用巴伦和肯尼（1986）三步骤层次回归分析方法检验中介效应。首先,控制企业规模、创立年限、所有制性质、所在行业变量后,将平台型 HRM、对功能柔性进行回归分析发现,平台型 HRM 对功能柔性有显著正向

第七章 平台型 HRM、人力资源双元柔性能力与组织创新绩效

影响（$\beta=0.434$，$p<0.001$），表明 H2b 得到验证。其次，将平台型 HRM、平台型 HRM 平方对组织创新绩效进行回归分析表明，平台型 HRM 一次项系数显著为正，平台型 HRM 平方项系数显著为负（$\beta=-0.128$，$p<0.01$），说明平台型 HRM 与创新绩效呈"倒 U 型"曲线关系。最后，同时放入平台型 HRM、平台型 HRM 平方、功能柔性预测创新绩效。功能柔性的预测效果均显著（$\beta=0.508$，$p<0.001$），平台型 HRM 的预测效果显著（$\beta=0.208$，$p<0.001$），回归系数小于上一步骤的回归系数 0.425，平台型 HRM 平方的预测效果显著（$\beta=-0.112$，$p<0.001$），回归系数小于上一步骤的回归系数 –0.128，满足部分中介要求，由此表明 H4a-2 得到验证（见表 7.7）。

表 7.7 功能柔性对于平台型 HRM 与组织创新绩效"倒 U 型"曲线关系的中介效应检验

自变量	因变量					
	模型 15	模型 16	模型 17	模型 18	模型 19	模型 20
	功能柔性	功能柔性	创新绩效	创新绩效	创新绩效	创新绩效
企业规模	−0.031	−0.004	−0.003	0.025	0.027	0.029
企业创立年限	0.022	0.012	−0.013	0.003	−0.003	−0.003
企业所有制性质	−0.006	0.001	−0.030	−0.022	0.022	−0.023
企业所在行业	0.012	0.015*	0.020*	0.023**	0.025**	0.017**
平台型 HRM		0.434***		0.460***	0.425***	0.208***
平台型 HRM2					−0.128**	−0.112*
功能柔性						0.508***
F 值	0.962***	30.445***	1.891***	28.974***	25.726***	41.342***
R^2	0.011	0.307	0.021	0.296	0.310	0.456
Adjusted R^2	0.001	0.297	0.010	0.286	0.298	0.447
ΔR^2	0.011	0.296	0.021	0.275	0.014	0.148

注：+ 表示 $p<0.1$，* 表示 $p<0.05$，** 表示 $p<0.01$，*** 表示 $p<0.001$。

（二）互动中介作用检验

检验数量柔性和功能柔性的互动效应（包括平衡效应和互补效应）在平台型 HRM 与组织创新绩效"倒 U 型"曲线关系中的中介作用。首先，借鉴曹等人（2009）的做法，采用差额的绝对值（|数量柔性－功能柔性|）表示二者的平衡效应，绝对差额越小，平衡程度越大；采用乘积项表示二者的互补效应（数量柔性 × 功能柔性）。其次，采用巴伦和肯尼（1986）三步骤层次回归分析方法检验中介效应。在控制企业规模、创立年限、所有制性质、所在行业变量后，将平台型 HRM 对 |数量柔性－功能柔性|（平衡效应）和数量柔性 × 功能柔性（互补效应）进行回归分析发现，平台型 HRM 对 |数量柔性－功能柔性|（$\beta=0.705$，$p<0.001$）和数量柔性 × 功能柔性有显著影响（$\beta=-0.071$，$p<0.1$）。随后，将平台型 HRM、平台型 HRM 平方对组织创新绩效进行回归分析表明，平台型 HRM 一次项系数显著为正，平台型 HRM 平方项系数显著为负（$\beta=-0.128$，$p<0.01$），说明平台型 HRM 与创新绩效呈"倒 U 型"曲线关系。最后，同时放入平台型 HRM、平台型 HRM 平方、|数量柔性－功能柔性|和数量柔性 × 功能柔性预测创新绩效。|数量柔性－功能柔性|的预测效果均显著（$\beta=0.091$，$p<0.001$），平台型 HRM 的预测效果显著（$\beta=0.359$，$p<0.001$），回归系数小于上一步骤的回归系数 0.425；平台型 HRM 平方的预测效果显著（$\beta=-0.125$，$p<0.001$），回归系数小于上一步骤的回归系数 -0.128，满足部分中介要求，由此表明 H4b-1 得到验证。数量柔性 × 功能柔性的预测效果不显著（$\beta=0.043$，$p>0.1$），不满足中介要求，由此表明 H4b-2 没有得到验证（见表 7.8）。

第七章　平台型 HRM、人力资源双元柔性能力与组织创新绩效

表 7.8 |数量柔性－功能柔性|、数量柔性 × 功能柔性的中介效应检验

自变量	模型 21 |数量柔性－功能柔性|	模型 22 |数量柔性－功能柔性|	模型 23 数量柔性×功能柔性	模型 24 数量柔性×功能柔性	模型 25 创新绩效	模型 26 创新绩效	模型 27 创新绩效	模型 28 创新绩效	模型 29 创新绩效
企业规模	−0.142	−0.099	−0.040	−0.044	−0.003	0.025	0.027	0.036	0.029
企业创立年限	0.040	−0.056	0.016	0.017	−0.013	0.003	−0.003	−0.008	0.003
企业所有制性质	−0.015	−0.003	−0.003	−0.004	−0.030	−0.022	0.022	−0.022	−0.022
企业所在行业	0.035+	0.040*	−0.005	−0.006	0.020*	0.023**	0.025**	0.021**	0.025
平台型 HRM		0.705***		−0.071+		0.460***	0.425***	0.359***	0.429***
平台型 HRM2							−0.128**	−0.125**	−0.123*
|数量柔性－功能柔性|								0.091***	
数量柔性×功能柔性									0.043
F 值	2.870***	12.762***	0.518	1.013+	1.891***	28.974***	25.726***	25.885***	22.133
R^2	0.032	0.156	0.006	0.006	0.021	0.296	0.310	0.346	0.312
Adjusted R^2	0.021	0.144	0.015	0.001	0.010	0.286	0.298	0.333	0.298
ΔR^2	0.032	0.124	0.006	0.009	0.021	0.275	0.014	0.036	0.001

注：+ 表示 $p<0.1$，* 表示 $p<0.05$，** 表示 $p<0.01$，*** 表示 $p<0.001$。

同时，应用 MPLUS7.0 软件进行 Bootstrap 分析，验证功能柔性和|数量柔性－功能柔性|对于平台型 HRM 与创新绩效关系中介效应的显著性。对随机抽取的 5000 个样本进行分析，验证出平台型 HRM 通过功能柔性、|数量柔性－

功能柔性|对创新绩效影响的标准化间接效应95%置信区间都不包括0（见表7.9），表明间接效应显著。综上，假设4得到部分验证。

表7.9 功能柔性、|数量柔性－功能柔性|中介效应的Bootstrap分析

自变量	中介变量	因变量	完全标准化间接效应	95% 置信区间 下限	95% 置信区间 上限
平台型HRM	功能柔性	创新绩效	0.508	0.405	0.611
平台型HRM	|数量柔性－功能柔性|	创新绩效	0.091	0.050	0.132

第五节 研究结论与启示

一、研究结论

在双元悖论理论视角基础上，本研究挖掘和扩展人力资源双元柔性能力的概念内涵；借鉴"结构—行为—绩效"经典研究范式，对398个企业中高层管理者调查问卷数据进行分析，构建和检验了平台型HRM—人力资源双元柔性能力—组织创新绩效的内在作用机制。具体结论如下。

（1）平台型HRM与组织创新绩效呈"倒U型"关系。

（2）人力资源双元柔性能力对创新绩效存在差异化影响：数量柔性负向影响创新绩效，功能柔性"倒U型"影响创新绩效。

（3）功能柔性在平台型HRM与创新绩效之间均扮演独立中介作用，数量柔性和功能柔性的平衡效应（|数量柔性－功能柔性|）在平台型HRM与创新绩效之间扮演互动中介作用。

数量柔性并非如预期的"倒 U 型"影响创新绩效，而呈线性负向影响，也并未在平台型 HRM 与创新绩效之间扮演中介角色，原因可能在于：首先，我国 2008 年颁布、2012 年修订的《中华人民共和国劳动合同法》，对非正式用工进行了严格规范，导致当前企业的非典型雇佣方式存在更多的隐蔽性、迷惑性和变换形式的特点，一定程度上可能影响了获取数据的客观性。其次，数量柔性更适合于传统企业的模块化产品生产流程，对于当前柔性组织广泛应用的融合型、磨合性工作流程不太适宜（孟繁强，2008），因而其积极作用不够显著。最后，大多数企业应用数量柔性的战略意图，还停留在短期的成本降低或通用型、简单性技能获取，缺乏对于组织创新变革的长远考量。这与奎因和罗尔博的研究结果一致，即数量柔性与组织的短期盈利直接相关，但与创新绩效呈负向相关。

另一个有趣的发现是，人力资源双元柔性能力的互补效应（数量柔性 × 功能柔性）并未在平台型 HRM 与创新绩效之间扮演中介角色。这个观点有力地支持了范·伊丁（2018）的新观点，即学术界长期以来认为变量之间的互补效应比独立效应效果更佳，其实是一种惯性思维和偏见，无意中夸大了互补效应的影响。范·伊丁（2018）通过元分析验证，变量之间互补效应对于因变量的解释力度远低于单一重要变量独立效应的解释力度，甚至仅占后者的 1/6。这也很好地解释了本研究中功能柔性能够独立起到中介作用，而数量柔性与功能柔性的互补效应所起的中介作用却不显著的现象。

二、理论贡献

其一，识别平台型人力资源管理模式的双刃剑效应，有利于相关理论研究拓展。已有研究多从单一、传统视角探讨特定管理模式（如高绩效人力资源系统、支持性人力资源管理模式）的线性积极或消极效应（李颖 等，2009；贾丹，方阳春，2017），研究结果存在一定的片面性和碎片化。本研究根植于共享经济背景下的平台型 HRM，从整合性视角挖掘其双刃剑效应和曲线影响，探寻其扬长避短的功用，拓展单一视角的解释逻辑，丰富了柔性人力资源配置理论。

其二，探索"人力资源管理—组织绩效""黑箱"关系的新型作用机理。已有研究鲜少关注和凸显柔性能力在人力资源管理与创新绩效之间所扮演的中介角色。本研究在厘清数量柔性和功能柔性非此即彼的独立中介作用的基础上，着力剖析两者之间平衡效应和互补效应桥接的互动中介作用，更为动态、立体地展现关键变量之间的多重联动关系，为人力资源柔性管理和组织创新驱动拓展了新的研究思路。

其三，深化人力资源柔性能力的情境化研究。已有柔性能力研究，大多聚焦于职能层次或具体环节（丁宁宁，孙悦，2015），鲜少将其囊括于柔性组织框架下进行系统化、结构化的思考。本研究基于当前平台型组织的热点管理情境，凭借398个中国企业的调研数据分析，探究人力资源柔性管理在组织变革和创新创造中的独特作用，丰富了柔性能力构建和应用的本土化研究。

三、管理启示

首先，引导企业构建与平台型组织形态匹配的人力资源管理模式，积极培育双元柔性能力，采取适当策略驱动和协调二者之间的互动效应，尤其是平衡效应，从而激发创新活力，帮助企业在跌宕起伏的环境中探寻变革和转型。

其次，企业需正确看待柔性的功效，合理适度地加以应用。本研究证实不能一柔俱柔，数量柔性与创新绩效之间呈负向影响，功能柔性与组织创新绩效之间呈"倒 U 型"关系，一旦过度应用柔性能力，会产生过犹不及效应，反而对企业的创新创造带来负面影响。

最后，倡导企业缔结新型员工—组织关系纽带。在外部环境动荡且组织追求弹性、灵活的背景下，传统雇佣关系受到挑战和颠覆，新型的员工—组织关系或合作关系亟须构建，该互惠关系的维系纽带为员工技能提升，只有组织重视员工多重能力或综合素质的培养，提供技能拓展的机会和平台，才能获取员工的良好工作绩效，继而聚合和增加员工队伍整体技能储备，为组织创新提供坚实的基础。

四、研究不足与未来展望

本研究的不足表现在：仅采取单一数据来源，通过企业中高层管理者自我陈述填答问卷方式进行组织层面数据采集。尽管检验结果表明，本研究所使用的数据没有严重的共同方法偏差问题，但仍可能影响实证检验的信度。未来研究应尽可能采用多数据来源的方法，例如，将企业报告或财务报表等客观数据与企业中高层管理者的主观评价相结合，并尝试多时点采集数据，更为全面客观地展现企业的现实情况，提高研究的借鉴价值。

第八章 核心—边缘型人力资源管理、人力资源柔性能力互动关系与组织适应性绩效

第六章至第八章构成本书的实证研究板块。其中，第六章聚焦于特定人力资源柔性能力——技能延展力，探索技能延展力的形成与作用机制；第七章则聚焦于人力资源双元柔性能力（数量柔性和功能柔性），探索双元柔性能力的形成机制及作用机制。

而本章则聚焦于人力资源柔性能力的细分维度——稳态雇佣柔性、稳态技能柔性、动态雇佣柔性、动态技能柔性及其复杂互动关系，探讨其在核心—边缘型人力资源管理与组织适应性绩效之间的多重中介作用。同时，进行了企业样本调查和问卷发放，运用 SPSS19.0 和 MPLUS7.0 等统计软件进行了假设检验。

第八章 核心—边缘型人力资源管理、人力资源柔性能力互动关系与组织适应性绩效

第一节 理论基础与研究假设

已有的人力资源柔性研究,大都禁锢于平面化的概念解读和维度划分,缺乏对人力资源柔性概念进行多层多维、嵌套性的深入诠释,更缺乏进一步厘清和探测多重柔性之间的复杂互动效应,从而拓展人力资源柔性管理的立体化的互动中介机制研究。基于此,本书以双元观为理论视角,揭示人力资源柔性双元双面嵌套性、立体化的特征;进而借鉴"结构—行为—绩效"经典范式,构建"核心—边缘型人力资源管理→人力资源柔性能力互动关系→组织适应性绩效"理论分析框架,探讨和检验多重柔性能力互动关系(替代关系、共存关系、平衡关系、互补关系)的复杂中介作用。

一、核心—边缘型 HRM 与组织适应性绩效

核心—边缘型 HRM(core-peripheral,HRM),是分割化的人力资源管理策略(Atkinson,1984):居于中心的核心员工,由管理人员、设计人员和技术人员等组成,作为具有组织专属技能的、基于重要职位的任职者,是企业的战略性和关键性资源。组织的外围层,是不具备组织专属技能或从事不重要工作的非正式/边缘人员,包括外包/分包、派遣人员等,是企业经营性资源和成本管理对象,与企业通过交易型契约建立间接或非典型的雇佣关系,作为正式员工队伍的补充。

核心—边缘型人力资源管理通过对"圈内人"和"圈外人"采用差异化的

管理模式，有效地促进企业适应性绩效。一方面通过对正式员工的工作分享、转岗轮岗、自我管理团队等方式提升组织的技能水平，有助于企业技术创新、产品质量提升，促进组织潜在发展；另一方面，企业也通过非正式员工的吸纳和释放增加弹性，降低雇佣和管理成本，灵活地满足市场和客户的需求，提高企业对于环境波动的适应能力。据此，本研究提出以下假设。

H1：核心—边缘型人力资源管理正向影响组织适应性绩效。

二、人力资源柔性能力互动关系的中介作用

（一）人力资源柔性能力

基于双元观理论，依据傅博达（2005）观点，人力资源柔性能力可视为双元双面的嵌套性、立体化概念：首先，作为"柔性悖论"，囊括双元能力的对立统一体—稳态柔性能力和动态柔性能力；进而，从组织人力资源整体的"数量/雇佣"和"质量/技能"两个侧面，可进一步划分为嵌套性细分维度：稳态雇佣柔性、稳态技能柔性、动态雇佣柔性、动态技能柔性。具体而言，稳态雇佣柔性指企业维系员工队伍数量或规模方面稳定性的能力；稳态技能柔性指企业保持、衔接、延续关键知识、技能的能力；动态雇佣柔性指企业对于非正式用工（例如派遣员工、外聘技术人员等）的使用配置能力；动态技能柔性指员工队伍技能的多样性和延展性及技能动态组合的能力（刘翔宇，2017）。

（二）人力资源柔性能力互动关系的多重中介作用

本研究认为，人力资源柔性能力内部存在多重柔性之间的复杂互动关系，

第八章　核心—边缘型人力资源管理、人力资源柔性能力互动关系与组织适应性绩效

并在核心—边缘型人力资源管理与适应性绩效之间扮演多重中介作用。其一，企业通过构建核心—边缘型人力资源管理，对核心员工和外围人员进行多样性配置和差异化管理，同时激发和应用多种柔性能力，发挥柔性能力之间同生相契的共存关系（孟繁强 等，2007）。例如企业在关键岗位/核心业务专注于稳态柔性能力的运用，而在非重要岗位/边缘型业务方面更多地应用动态柔性能力，使得企业在保障稳定控制的基础上，也具备灵活和弹性的潜能。其二，企业可以仅选择和倚重单一柔性，发挥柔性能力之间此消彼长的替代关系（Cappelli & Neumark，2004）。例如，在企业实践中，存在倚重动态雇佣柔性，减少动态技能柔性培育的情况。企业凭借非正式员工的配置管理，吸纳稀缺性和互补性技能，灵活地应对市场需求，从而减少自己培训和开发员工知识技能的动力。其三，企业可能兼顾多重柔性能力，且应用程度相似，呈现出平衡关系（He & Wong，2004；Cao et al.，2009），并以此充当桥接模式中的变量。若仅依赖稳态柔性能力（稳态雇佣柔性和稳态技能柔性），企业容易陷入惯性僵化、故步自封的陷阱，缺乏创新变革的探索和尝试；若仅依赖动态柔性能力（动态雇佣柔性和动态技能柔性），又容易产生员工—组织关系涣散、人员流动频繁、知识外泄等危险。因此，企业实践中也应注重达成多重柔性之间的兼顾相融和对应匹配。其四，企业还可能综合运用多种柔性，发挥多维柔性能力之间的互补协同关系，柔性之间互为补充和激发，同时实施几种柔性比单独实施一种能产生更好的"1+1>2"的效果。例如以长期积累传承的企业专属性技能为基础（稳态技能柔性），加入外部咨询专家团队、技术人员的前沿知识和行业经验诀窍（动态雇佣柔性），两者交互补充，激活创新，改善组织的适应能力和更新能力（刘翔宇，李新建，2015）。

综上,借鉴"结构(人力资源管理模式)—行为(多重柔性能力综合应用)—绩效(组织绩效)"经典范式,构建"核心—边缘型人力资源管理→人力资源柔性能力互动关系→组织适应性绩效"的理论模型(见图8.1)。据此,本研究提出以下假设。

H2:人力资源柔性能力互动关系在核心—边缘型人力资源管理与组织适应性绩效间起中介作用。

H2a:人力资源柔性能力的共存关系或替代关系在核心—边缘型人力资源管理与适应性绩效间起中介作用。

H2b:人力资源柔性能力的平衡关系在核心—边缘型人力资源管理与适应性绩效间起中介作用。

H2b-1:稳态雇佣柔性与动态雇佣柔性的平衡关系在核心—边缘型人力资源管理与适应性绩效间起中介作用。

H2b-2:稳态技能柔性与动态技能柔性的平衡关系在核心—边缘型人力资源管理与适应性绩效间起中介作用。

H2c:人力资源柔性能力的互补关系在核心—边缘型人力资源管理与适应性绩效间起中介作用。

H2c-1:稳态雇佣柔性与动态技能柔性的互补关系在核心—边缘型人力资源管理与适应性绩效间起中介作用。

H2c-2:稳态技能柔性与动态雇佣柔性的互补关系在核心—边缘型人力资源管理与适应性绩效间起中介作用。

第八章 核心—边缘型人力资源管理、人力资源柔性能力互动关系与组织适应性绩效

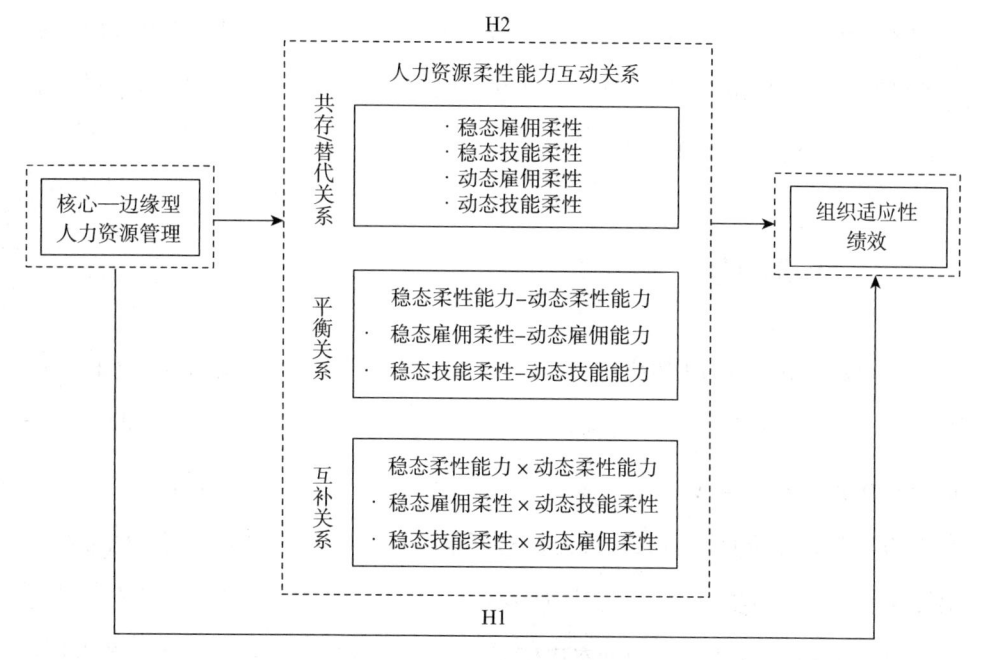

图 8.1 本研究的理论模型

第二节 研究设计

一、调查过程与样本特征

数据调研和收集于 2018 年 2 月至 2018 年 6 月进行。数据收集的方式包括两种：首先，研究者直接通过 EMBA、MBA、朋友关系等接触企业的中高层管理者，进行实地调研；其次，委托"问卷星"平台指定企业中高层管理者填答问卷。调研共发放问卷 600 份，剔除不符合质量要求的 78 份问卷，最终获得

522份有效问卷,有效率为87%。在被调查的企业中,企业规模500人以下的占57.7%,500~2000人的占33%,2000人以上的占9.3%;国有企业占15.8%,外资企业占26.2%,民营企业占58%。

二、变量测量

本研究的测量问卷均借鉴成熟量表,并采用李克特的五点式测量。①核心—边缘型人力资源管理。参考程德俊(2009)的量表修订形成,共8个题项,量表的Cronbach's α值为0.814。②人力资源柔性能力。参考贝尔特伦-马丁等人(2008)的量表修订而成。首先,稳态柔性能力共8个题项,其中稳态雇佣柔性3题,稳态技能柔性5题,该量表的Cronbach's α值为0.717;其次,动态柔性能力共12个题项,其中动态雇佣柔性4题,动态技能柔性8题,该量表的Cronbach's α值为0.716。③组织适应性绩效。借鉴魏海波等人(2018)的量表,共7个题项,量表Cronbach's α值为0.846。

三、数据分析和结果

(一)验证性因子分析

为检验变量的效度,运用MPLUS7.0统计软件,将六因子模型(核心—边缘型人力资源管理、稳态雇佣柔性、稳态技能柔性、动态雇佣柔性、动态技能柔性、适应性绩效)作为基准模型,与五因子、四因子、三因子、二因子、一因子模型比较,六因子模型(基准模型)拟合最为理想(χ^2/df=1.700,CFI=0.918,

TLI=0.905，RMSEA=0.037，SRMR=0.046），表明主要构念具有较好的区分效度。

（二）描述性统计分析

运用 SPSS19.0 软件，对变量间相关关系进行分析：核心—边缘型人力资源管理与适应性绩效（r=0.443，p<0.01）、与稳态雇佣柔性（r=0.487，p<0.01）、稳态技能柔性（r=0.552，p<0.01）、动态雇佣柔性（r=0.040，p<0.01）、动态技能柔性（r=0.595，p<0.01），均显著正相关；稳态雇佣柔性（r=0.370，p<0.01）、稳态技能柔性（r=0.379，p<0.01）、动态雇佣柔性（r=0.157，p<0.01）、动态技能柔性（r=0.542，p<0.01）与适应性绩效均显著正相关。

（三）假设检验

首先，构建和检验人力资源柔性能力的互动关系。检验柔性能力之间的共存或替代关系，即检验稳态雇佣柔性、稳态技能柔性、动态雇佣柔性、动态技能柔性的独立中介效应，若仅检验出一个中介效应，即多重柔性能力之间的替代关系充当了中介变量，若同时检验出若干个中介效应，即多重柔性能力之间的共存关系充当了中介变量。

其次，检验稳态柔性能力和动态柔性能力之间的平衡关系和互补关系。借鉴何和王（2004）和曹等人（2009）的研究方法，采用差额的绝对值（|稳态雇佣柔性－动态雇佣柔性|、|稳态技能柔性－动态技能柔性|）表示二者的平衡效应，绝对差额越小，平衡程度越大；采用乘积项表示二者的互补效应（稳态雇佣柔性 × 动态技能柔性、稳态技能柔性 × 动态雇佣柔性），在计算二者乘积之前，进行中心化处理，从而降低多重共线性的不利影响。

在此基础上，运用 SPSS19.0 软件，采取巴伦和肯尼（1986）三步骤层次回归分析方法检验人力资源柔性能力互动关系的中介作用。首先，放入控制变量企业规模、创立年限、所有制性质、所在行业变量；其次，放入自变量核心——边缘型人力资源管理；最后，分别同时放入核心——边缘型人力资源管理与稳态雇佣柔性、稳态技能柔性、动态雇佣柔性、动态技能柔性、|稳态雇佣柔性－动态雇佣柔性|、|稳态技能柔性－动态技能柔性|、稳态雇佣柔性 × 动态技能柔性、稳态技能柔性 × 动态雇佣柔性预测适应性绩效。由模型 2 可知，核心——边缘型人力资源管理对适应性绩效（β=0.426，p<0.001）的正向影响显著，表明 H1 得到验证。由模型 3-6 可知，稳态雇佣柔性（β=0.177，p<0.001）、稳态技能柔性（β=0.197，p<0.001）、动态技能柔性（β=0.462，p<0.001）的预测效果显著，核心——边缘型人力资源管理的预测效果显著，其回归系数均小于上一步骤的回归系数 0.426，满足部分中介要求；而动态雇佣柔性的预测效果不显著（β=0.094，p>0.1），不满足中介要求。由此表明，H2a 得到部分验证。由模型 7 可知，|稳态雇佣柔性－动态雇佣柔性|的预测效果不显著（β=0.022，p>0.1），不满足中介要求，H2b-1 没有得到验证；由模型 8 可知，|稳态技能柔性－动态技能柔性|的预测效果显著（β=0.149，p<0.001），核心——边缘型 HRM 的预测效果显著（β=0.425，p<0.001），其回归系数小于上一步骤的回归系数 0.426，满足部分中介要求，H2b-2 得到验证；由模型 9 可知，稳态雇佣柔性 × 动态技能柔性的预测效果显著（β=0.063，p<0.001），核心——边缘型人力资源管理的预测效果显著（β=0.163，p<0.001），其回归系数小于上一步骤的回归系数 0.426，满足部分中介要求，H2c-1 得到验证；由模型 10 可知，稳态技能柔性 × 动态雇佣柔性的预测效果显著（β=0.031，p<0.001），核心——边缘型人力资源管理的预测效果显

第八章 核心—边缘型人力资源管理、人力资源柔性能力互动关系与组织适应性绩效

著（β=0.397，p<0.001），其回归系数小于上一步骤的回归系数 0.426，满足部分中介要求，H2c-2 得到验证，综上，H2 得到部分验证（见表 8.1）。

表 8.1　人力资源柔性能力互动关系对组织适应性绩效的回归分析

企业规模	0.035	0.019	0.030	0.022	0.007	0.026	0.015	0.019	0.036	0.005
企业创立年限	0.008	0.013	0.006	0.013	0.004	0.008	0.012	0.012	0.001	0.003
企业所有制性质	−0.017	−0.001	0.010	0.001	−0.008	0.001	−0.004	−0.002	0.014	0.009
企业所在行业	0.009	0.003	0.001	0.002	0.003	0.003	0.003	0.004	0.001	0.002
核心—边缘型人力资源管理		0.426***	0.324***	0.316***	0.423***	0.166***	0.440***	0.425***	0.163***	0.397***
稳态雇佣柔性			0.177***							
稳态技能柔性				0.197***						
动态雇佣柔性					0.094					
动态技能柔性						0.462***				
|稳态雇佣柔性−动态雇佣柔性|							0.022			
|稳态技能柔性−动态技能柔性|								0.149***		
稳态雇佣柔性 × 动态技能柔性									0.063***	
稳态技能柔性 × 动态雇佣柔性										0.031***
F 值	1.251***	24.391***	24.951***	24.133***	24.107***	39.707***	20.595***	22.841***	36.442***	26.752***
R^2	0.010	0.191	0.225	0.219	0.219	0.316	0.194	0.210	0.298	0.238
Adjusted R^2	0.002	0.183	0.216	0.210	0.210	0.308	0.184	0.201	0.290	0.229

续表

自变量	因变量（适应性绩效）										
	M1	M2	M3	M4	M5	M6	M7	M8	M9	M10
ΔR^2	0.010	0.182	0.034	0.028	0.028	0.125	0.002	0.019	0.107	0.046

注：$N=522$。+ 表示 $p<0.1$，* 表示 $p<0.05$，** 表示 $p<0.01$，*** 表示 $p<0.001$。

第三节 结论与意义

一、研究结论

本章的研究结论包括：首先，核心—边缘型人力资源管理正向影响组织适应性绩效。其次，人力资源柔性能力互动关系在核心—边缘型人力资源管理与组织适应性绩效之间存在多重中介作用。稳态雇佣柔性、稳态技能柔性、动态技能柔性的共存关系，稳态技能柔性与动态技能柔性的平衡关系（|稳态技能柔性－动态技能柔性|），稳态雇佣柔性与动态技能柔性的互补关系（稳态雇佣柔性×动态技能柔性），稳态技能柔性与动态雇佣柔性的互补关系（稳态技能柔性×动态雇佣柔性），都起到部分中介作用，而动态雇佣柔性、|稳态雇佣柔性－动态雇佣柔性|的中介作用不显著。

二、研究意义

本章的研究理论意义为：一是以多重柔性能力的互动关系为切入点，拓展

第八章 核心—边缘型人力资源管理、人力资源柔性能力互动关系与组织适应性绩效

人力资源柔性管理的中介机制研究。现有研究多关注人力资源柔性细分维度的单独中介作用，基于柔性能力互动关系的中介机制研究较为缺乏。本章从系统性、结构化的视角着力探索差异化柔性能力的相互关系（共存关系、替代关系、平衡关系、互补关系）在人力资源管理模式与组织绩效之间的互动中介作用，为人力资源柔性管理的中介机制研究拓展了新的研究思路。二是借鉴经典模型，识别和探索新的人力资源柔性激发因素的本土化研究。已有的人力资源柔性形成机制研究大都聚焦于传统的管理模式，鲜少关注和考察当前我国企业广泛应用的核心—边缘型人力资源管理。为此，本章基于调研数据，探讨和检验了中国特色的核心—边缘型人力资源管理的表现特征及与人力资源柔性能力的复杂互动过程，深化了核心—边缘型人力资源管理的本土化研究，丰富了人力资源柔性的激发机制研究。

第九章 研究结论与研究展望

首先，本章从质性研究和实证研究两部分来归纳全文的研究结论；其次，提炼本研究的理论贡献及其对企业管理实践的启示；最后，提出本研究的缺陷与不足，并在此基础上对未来研究进行展望。

第一节 研究结论和讨论

一、质性研究结论

在文献梳理的基础上，分别进行了扎根研究和案例研究两项内容，所做的工作和达到的目标为，扎根研究部分主要通过对22位企业中高层管理者的深度访谈和文本编码，提炼核心概念，挖掘人力资源实践构型，探索人力资源双元

第九章　研究结论与研究展望

柔性能力的内涵、激发因素及效果变量，进一步凝练出理论模型。案例研究部分以海尔集团为样本企业，剖析其30年发展和演进历程，以事实和事件印证了扎根研究提炼的核心构念，为理论分析框架提供了现实依据。同时，也弥补了扎根研究基于特定时点和横截面分析的不足，表现了企业纵向和动态的实践演化过程。质性研究的发现及主要结论为以下几个方面。

（一）区分出人力资源实践系统的差异化类型

根据访谈资料，挖掘人力资源管理组合形态情况，归纳出三种不同特征的人力资源管理类型，并依据侧重点的不同，将其命名为内柔导向型HRM、外柔导向型HRM、内外兼柔导向型HRM。继而，对应和印证了前文对构型视角的柔性人力资源管理的相关理论研究。

（二）识别出"双元双面"人力资源柔性能力的内涵和维度

依据理论基础和相关研究综述，结合扎根研究的多级编码结果，明确了人力资源柔性能力的内涵，即人力资源管理实践系统所具备的能够有效适应和应对外部环境变化和企业自身的多样化需求的一种动态能力。

与此同时，发现可以从稳态柔性和动态柔性两方面来解读存在"柔性悖论"特征的人力资源双元柔性能力，并进一步剖析出稳态柔性能力和动态柔性能力均各自包含雇佣（数量）和技能（功能）的具体构成要素及特征，并划分出稳态雇佣柔性、稳态技能柔性、动态雇佣柔性、动态技能柔性四种形态。该中介变量的选择与维度界定，为进一步的实证检验提供了有用的工具。

（三）提炼和印证了"人力资源管理构型/类型——人力资源柔性能力——组织绩效"的理论框架

基于扎根研究的典范模型，厘清核心概念之间的逻辑关系，凝练出"人力资源管理构型/类型—人力资源柔性能力—组织绩效"理论框架；进而通过对海尔集团案例的纵向观察和追踪研究，对扎根研究构建的理论模型进行了基于中国情境企业的现实检验，表明了该理论模型具有实践可印证性的特征。

（四）追踪了典型企业人力资源战略柔性的演化过程

基于对海尔集团的纵向探索性案例研究，追踪了柔性组织创建过程的相对刚性阶段、有限柔性阶段和全面柔性阶段三个阶段的演进，揭示了各个阶段的外部环境、组织战略、组织结构、人力资源实践系统、人力资源柔性能力等特征，体现了组织职能、流程及人力资源管理演化之间高度的时空契合性，以及企业以人力资源管理为切入点进行战略转型、组织柔性化的动态演化过程。

二、实证研究结论

从质性研究结果出发，通过理论推演，建构了"人力资源管理构型/类型—人力资源柔性能力—组织绩效"理论框架，并通过问卷调查数据进行了相应的实证检验。主要的研究结论如下：

（一）异质性柔性人力资源管理模式对多维组织绩效具有差异性影响

已有研究对于人力资源实践系统与组织绩效关系的结论并未达成一致，一种观点认为两者之间的关系并不显著（Cappelli & Newmark，2001），另一种观点认为两者之间存在正相关关系（Arthur，1994；MacDuffie，1995；Delery & Doty，1996；Lepak & Snell，1998；苏中兴，2010b；张徽燕，2012）。本研究通过实证检验证明，柔性人力资源管理模式与组织绩效之间存在差异性关系。

（1）柔性人力资源管理构型（内柔导向型 HRM、外柔导向型 HRM、内外兼柔导向型 HRM）正向影响组织成长性绩效。

（2）核心—边缘型人力资源管理正向影响组织适应性绩效。

（3）平台型 HRM 与组织创新绩效呈"倒 U 型"关系。

（二）人力资源柔性能力在"人力资源管理构型/类型——多维组织绩效"之间扮演中介角色

1. 技能延展力对柔性人力资源管理构型与成长性绩效关系起到中介作用

本研究验证，技能延展力作为影响组织环境适应和成长的关键因素，是进一步对组织核心柔性能力进行解构，它在柔性人力资源管理构型（内柔导向型 HRM、外柔导向型 HRM、内外兼柔导向型 HRM）与组织成长性绩效之间均扮演了中介角色。本研究揭示了其在柔性人力资源管理形态与组织成长性绩效之间的内在作用机制。

该结论有力地支持贝尔特伦-马丁等、李新建和李懿（2017）、李懿（2018）

等的观点，技能延展力是重要的动态柔性能力，能够有效地充当"黑箱"关系的新型中介变量。

2. 功能柔性能力和双元柔性能力的平衡效应对平台型 HRM 与组织创新绩效关系起到中介作用

本研究验证，功能柔性在平台型 HRM 与创新绩效之间均扮演独立中介角色，数量柔性和功能柔性的平衡效应（|数量柔性 – 功能柔性|）在平台型 HRM 与创新绩效之间扮演互动中介角色。

动态柔性能力是柔性企业面对复杂不确定外部环境，适应、整合和重塑内外部资源、技能等以匹配环境变化的动态能力之一（Teece et al., 1997），数量柔性和功能柔性从两方面丰富了人力资源动态柔性能力的内涵，前者能够增强员工队伍的数量/规模柔性，后者能够完善组织的"人力资本池"，提升人力资源的整体功能柔性。双元柔性能力的平衡效应，桥接了平台型柔性管理模式与组织创新绩效的关系，有助于揭示该逻辑链条的内在作用机理。

3. 多重人力资源柔性能力（稳态雇佣柔性、稳态技能柔性、动态雇佣柔性、动态技能柔性）及其互动关系（共存关系、平衡关系、互补关系）对核心—边缘型 HRM 与组织适应性绩效关系起到中介作用

本研究验证，人力资源柔性能力的互动关系在核心—边缘型人力资源管理与组织适应性绩效之间存在多重中介作用。具体而言，稳态雇佣柔性、稳态技能柔性、动态技能柔性的共存关系，稳态技能柔性与动态技能柔性的平衡关系（|稳态技能柔性 – 动态技能柔性|），稳态雇佣柔性与动态技能柔性的互补关系（稳态雇佣柔性 × 动态技能柔性），稳态技能柔性与动态雇佣柔性的互补关系

(稳态技能柔性 × 动态雇佣柔性)起到部分中介作用。该结论进一步探索和厘清多重柔性能力互动关系(替代关系、共存关系、平衡关系、互补关系),并且验证了复杂互动关系的多重中介作用,丰富和拓展了柔性能力在"人力资源管理—组织绩效"中的"黑箱"研究。

第二节 理论贡献与实践启示

一、理论贡献

通过上述研究总结,本研究的理论贡献可以归纳为以下几点。

(一)运用构型法,识别和明确差异化的人力资源实践系统类型

构型法,因其操作较为复杂,实证检验难度较大,应用范围较为有限,我国基于构型视角的战略人力资源管理研究更是乏善可陈。本研究秉承"异质性的人力资源需要采用异质性的管理系统进行配置和统筹"的理念,以组织战略和组织结构为维度进行分类构型,提炼出柔性组织的三种典型人力资源管理模式:内柔导向型 HRM、外柔导向型 HRM、内外兼柔导向型 HRM 人力资源管理类型,为透视柔性组织的人力资源管理内部结构特征,深入和有针对性地进行人力资源管理的战略效能研究,奠定了较为坚实的理论基础,开辟了新的研究视角。

（二）借鉴双元观，提出和丰富"人力资源双元柔性能力"构念，搭建"人力资源管理构型/模式—人力资源柔性能力—多维组织绩效"理论模型

在战略人力资源管理领域中，"人力资源管理—组织绩效"的"黑箱"揭示问题受到普遍关注。学者们引入一系列中介解释变量来揭开"黑箱"，厘清逻辑链条，例如组织层面的知识管理能力、组织学习能力、自主创新能力、战略实施能力、组织柔性能力、社会网络能力等，以及个体层面的组织承诺、组织信任、工作满意度、知识技能、创新行为、角色外行为等。然而已有研究在中介变量的选择和验证方面，略显随意和表象化，"黑箱"作用路径和传导机制的厘清和挖掘也较为薄弱。换言之，"黑箱"本质无法触摸，内在机理亦无法清晰透视。

根据企业访谈结果，借鉴组织论中的双元视角，本研究识别出企业在适应外部环境更迭，创建柔性组织过程中的关键桥接变量"人力资源双元柔性能力"，经过质性研究的事实验证和实证研究的数据分析，证实了稳态柔性能力和动态柔性能力扮演的中介角色。继而构建出"人力资源管理构型/类型—人力资源柔性能力—多维组织绩效"的理论框架，为揭示"人力资源管理—组织绩效"的内在作用机制进行了有益的尝试。

（三）探索和深化中国情境下基于人力资源管理的柔性组织理论

自阿特金森（1984）提出柔性组织模型后，相关学者形成一系列的研究成果。然而，该领域的研究大多聚焦于职能层次或某具体环节，例如财务融资柔性、运营生产柔性、采购供应柔性、信息系统柔性等。这种倾向会导致将组织分割为独立的职能要素，从局部而非整体上剖析组织柔性的问题。同时，出于敏感

性和复杂性的考量，现有研究对于人力资源管理在战略转型、组织柔性化过程中的关键作用并未给予足够的关注和凸显。

鉴于此，本研究基于 22 家企业中高层管理者访谈内容进行的扎根研究、聚焦海尔集团 30 年兴衰起伏的探索性纵向案例研究，以及企业中高级管理者填答问卷的量化分析，以战略适配性为切入点，较深度地解读和诠释人力资源管理在驱动战略和组织变革中的独特作用，深化了具有中国企业特色的柔性组织分析框架下，人力资源管理的变革驱动和战略支撑作用，丰富了柔性组织创建的情境化研究。

（四）诠释和拓展战略人力资源管理多重适配研究

本研究突破了已有战略人力资源管理多为一种比较静态、脱离特定商业环境和组织情境的研究范式，注重在组织层面的结合或整合研究，从理论推演、质性研究、实证分析等方面全方位地探讨战略人力资源管理的多重战略适配特征（Milliman et al., 1991；Wright & Snell, 1998），以及战略适配性与柔性的互补整合效应。

具体而言，本研究确立的核心构念"人力资源管理构型"，体现了人力资源管理实践彼此之间的水平契合或一致性，与组织战略、组织结构等组织要素的垂直匹配和互动协同（Delery, 1998），以及与急剧变化的商业环境的外部适配（Baird & Meshoulam, 1988；Jackson & Schuler, 1995；张正堂, 2012）。本研究创新地将上述多重适配关系置于柔性组织的整体框架下，通过人力资源双元能力的桥接，多阶段、多层次、多视角地考察了不同类型人力资源系统的战略适配作用及绩效表现。

二、实践启示

第一,为网络化背景下亟须转型的我国企业提供了借鉴和启示。当今时代,科技进步、制度变革和经济转型多重压力加大,增强了企业经营环境的复杂、多变和不确定性,对处于竞争风口的我国企业更提出新的挑战,如何应对这些挑战,完成组织转型和战略演进成为重要的管理议题。本书探索性地提出了具有中国特色的柔性组织分析框架,以人力资源管理为切入点,凸显人力资源双元柔性能力作为企业重要的动态能力,对于组织战略演进、战略复兴的重要影响,为在跌宕起伏的环境中亟须转型的企业提供了借鉴和启示。

第二,在组织转型、战略变革的过程中,注意构建具有多重适配特征的人力资源管理模式。根据战略人力资源管理的匹配观,柔性组织中人力资源系统内部需要达成各个独立的人力资源实践之间的融合、匹配,也需要与组织战略、组织结构相匹配,还需要适应和契合于外部环境的变化和更迭。不存在唯一、最优的人力资源管理模式,企业之间不能简单地相互模仿,应以多重适配为原则,选取和构建适合企业自身发展需要的人力资源实践系统类型/模式,才能充分发挥其至关重要的战略角色,持续有效地驱动组织变革。

第三,柔性是一把"双刃剑",组织应该追求"适度柔性",警惕"过度柔性"。本研究通过实证检验证实,人力资源柔性能力与组织创新绩效的关系呈"倒U型",一旦企业过分倚重动态柔性能力,就很可能引发员工队伍控制和驾驭的困难和危机,并进一步影响组织的生存发展。因此,在增强人力资源柔性的同时,掌控好组织变革的"关键点""合理阈"及"最佳度",可有效防范组织改革进入"过度柔性"和"混沌组织"的陷阱之中。

第九章　研究结论与研究展望

第四，引导企业关注新型员工—组织关系的维系纽带。在外部环境动荡、组织追求弹性、灵活的背景下，传统雇佣关系受到挑战和颠覆：组织无法承诺与员工建立长期稳定的雇佣关系，员工也无法回报以信任和忠诚。基于此，新型的员工—组织关系或合作关系亟须构建，该互惠关系的维系纽带为员工技能/能力提升，组织应重视员工多重能力或综合能力的培养，提供技能增强或拓展的机会和平台，有望获取员工的良好工作绩效，继而聚合和跃升员工队伍整体技能水平，为企业的组织转型提供了坚实的基础和前提。

第三节　研究局限与未来研究展望

一、研究局限性

本研究主要在数据发放和收集方面还存在一定的局限和不足，具体体现在以下三个方面。

第一，受限于研究条件，本研究的正式问卷调查，一部分是采用熟人介绍的"滚雪球"进行数据收集，另外是委托第三方专业调查机构（问卷星）进行问卷发放和回收，虽然严格地限定了填答者的职位要求（企业中高层管理者），也在回收问卷的过程中认真进行技术和人工筛选，确保问卷的质量。但是样本的代表性和典型性仍然无法完全控制和把握。例如此次问卷发放的行业以制造业和信息服务/软件/信息技术服务业居多，而咨询/中介服务业、科研/教育/卫生医疗、文化/体育/娱乐/传媒行业样本量非常缺乏，造成行业分布不均衡。

第二，鉴于组织层面的数据获取难度很大，本研究仅采取单一数据来源，在问卷调查中采用被访者（企业中高层管理者）自我陈述的方式来填写问卷。尽管检验结果表明本研究所使用的数据没有严重的共同方法偏差问题，但单一数据来源和自评方式本身可能会造成数据的不客观，影响实证检验的信度。今后研究应尽可能采用多数据来源的方法，更为全面客观地展现企业的现实情况，为后续研究奠定坚实的基础。

第三，本研究采用横截面数据对所有研究假设进行检验，考察柔性人力资源管理模式、人力资源柔性能力与组织绩效之间的关系。采用横截面数据是基于数据的可获性和便利性，便于本研究的数据收集与实证研究，但是这也存在一定的不足，无法实施追踪研究，难以分析变量间的互动和动态关系。今后研究应尽量采用动态的纵向数据的收集和分析，从而获得更为科学和严谨的测量结果。

二、未来研究展望

鉴于本研究存在的不足，未来研究可从以下方面进行拓展和深化。

（一）探索企业内部不同人力资源管理类型的混合效应

本研究通过构型法分析，归纳和提取出三种人力资源管理类型：内柔导向型HRM、外柔导向型HRM、内外兼柔导向型HRM，将它们作为独立的管理模式进行探讨和实证检验。然而，目前很多企业出于不同策略的考虑，采取混合型的人力资源管理模式，即综合应用多种人力资源实践系统类型。基于此，在未来的研究中,学者们应更为关注这一研究问题,剖析单一组织内部,不同类型的人力资源实践系统混合、结合后的应用效果及其彼此之间的互动效应,以及差异化的人力资源实践系统类型之间相互转化的动态研究。例如,对于特定行业或企业而言,同时应用内柔导向型和外柔导向型 HRM 是否效果更佳,什么情境因素会驱动外柔导向型 HRM 逐步转变为内外兼柔导向型 HRM 等。从而为该领域研究开拓新的研究思路,为企业实践带来更多的借鉴意义。

(二)剖析人力资源柔性各个维度间的互动关系

借鉴双元观理念和扎根研究结果,人力资源柔性可视为"双元双面"的组织柔性能力。具体而言,可以视为"数量柔性和功能柔性"或"雇佣柔性和技能柔性"的双元柔性能力,抑或"稳态柔性和动态柔性"的双元柔性能力,继而进行嵌套性维度组合,形成"双元双面"柔性能力,分别为稳态雇佣柔性、稳态技能柔性、动态雇佣柔性、动态技能柔性。

本研究的中介效应分析仅聚焦于技能延展力(单一柔性能力),数量柔性和功能柔性(双元柔性能力),稳态雇佣柔性、稳态技能柔性、动态雇佣柔性、动态技能柔性("双元双面"柔性能力),厘清和探讨其在差异性人力资源管理类型与多维组织绩效逻辑链条之间的影响作用。对于差异化柔性能力的桥接作用,以及彼此之间可能存在的此消彼长的简单替代、动态互动关系、互补协同关系等,探讨得不够深入。未来的研究中,将继续对人力资源柔性能力进行细化分析,并着眼于各细分维度之间的互动关系,以及对差异性的互动关系可能形成何种影响效应等做进一步的深入探究。

参考文献

巴德, 2013. 劳动关系：寻求平衡 [M]. 于桂兰, 于米, 于楠, 译. 北京：机械工业出版社.

曹仰锋, 2014. 海尔转型：人人都是 CEO[M]. 北京：中信出版社.

陈坤, 杨斌, 2016. 人力资源柔性构念开发与测量的理论推进 [J]. 管理学报, 13（5）：689-696.

程德俊, 2009. 动态环境下人力资源柔性战略 [M]. 南京：南京大学出版社.

程德俊, 王蓓蓓, 2011. 高绩效工作系统、人际信任和组织公民行为的关系——分配公平的调节作用 [J]. 管理学报, 8（5）：727-733.

程德俊, 赵曙明, 2006a. 高参与工作系统与企业绩效：人力资本专用性和环境动态性的影响 [J]. 管理世界（3）：86-93.

程德俊, 赵曙明, 2006b. 高参与工作系统中的社会关系网络及其变革障碍 [J]. 中国工业经济（12）：90-97.

程鹏, 2013. 外部环境与组织柔性对企业创新模式选择的影响研究 [M]. 北京：中国林业出版社.

德鲁克, 2009. 21 世纪的管理挑战 [M]. 朱雁斌, 译. 北京：机械工业出版社.

邓少军, 芮明杰, 2013. 高层管理者认知与企业双元能力构建——基于浙江金信公司战略转型的案例研究 [J]. 中国工业经济,（11）：135-147.

参考文献

丁宁宁，孙锐，2015. 人力资源实践构型和创新绩效的关系研究——基于业务单元层的双重中介作用 [J]. 山东大学学报：哲学社会科学版（1）：81-90.

杜鹏程，黄志强，2016. 差错管理文化对双元绩效的影响机理研究——基于组织认同的中介效应 [J]. 安徽大学学报（哲学社会科学版），40（6）：148-156.

段梦，周颖，吕巍，等，2018. 创业导向、双元创新与企业竞争优势 [J]. 工业工程与管理，23（1）：110-114，121.

段艳玲，张婧，2014. 动态环境下市场导向、战略柔性和新产品绩效关系的实证研究 [J]. 软科学，28（4）：38-41.

傅博达，2005. 创建柔性——如何保持竞争优势 [M]. 项国鹏，译. 北京：人民邮电出版社.

高若阳，2010. 基于知识观的组织模块性与企业适应性研究 [D]. 杭州：浙江大学.

高山行，李妹，江旭，2015. 能力二元性对企业竞争力的影响研究——组织冗余的调节效应 [J]. 科学学与科学技术管理，36（5）：137-147.

郭润萍，蔡莉，2017. 双元知识整合、创业能力与高技术新企业绩效 [J]. 科学学研究，35（2）：264-271，281.

汉迪，2006a. 个人与组织的未来 [M]. 周旭华，译. 北京：中国人民大学出版社.

汉迪，2006b. 工作与生活的未来 [M]. 方海萍，等译. 北京：中国人民大学出版社.

汉迪，2006c. 空雨衣 [M]. 周旭华，等译. 杭州：浙江人民出版社.

何会涛，袁勇志，彭纪生，2011. 对员工发展投入值得吗？——发展型人力资源实践对员工知识共享行为及离职意愿的影响 [J]. 管理评论，23（1）：75-84.

胡畔，于渤，2017. 跨界搜索、能力重构与企业创新绩效——战略柔性的调节作用 [J]. 研究与发展管理，29（4）：138-147.

胡泳，郝亚洲，2014. 张瑞敏思考实录 [M]. 北京：机械工业出版社.

霍夫曼，卡斯诺查，叶，2015. 联盟——互联网时代的人才变革 [M]. 路蒙佳，译. 北京：中信出版社.

贾丹，方阳春，2017. 包容型人才开发模式对组织创新绩效的影响研究 [J]. 科研管理，38（4）：

14-19.

蒋春艳，赵曙明，2004. 企业特征、人力资源管理与绩效 [J]. 管理评论，16（10）：22-31.

卡佩利，2006. 员工管理新变革——管理受市场驱动的员工队伍 [M]. 朱飞，等译. 北京：商务印书馆.

雷红生，陈忠卫，2008. 高管团队内情感冲突、企业家精神与公司成长性绩效关系的实证研究 [J]. 财贸研究（2）：99-105.

李柏洲，殷婧钰，苏屹，2018. 年龄异质性、权力差距对双元创新绩效的影响：融洽程度的调节作用 [J]. 科技进步与对策，35（16）：1-6.

李隽，2014. 企业人力资源管理角色发展研究——跨组织边界的分析视角 [D]. 天津：南开大学.

李新建，李懿，2017. 双元工作要求与员工创新行为：技能延展力的中介作用 [J]. 科学学与科学技术管理，38（11）：155-167.

李新建，李懿，魏海波，2017. 组织化人力资本研究探析与展望——基于战略管理的视角 [J]. 外国经济与管理，39（1）：42-55.

李新建，孟繁强，王健友，2011. 超组织人力资源管理研究：机理、模式与应用 [M]. 太原：山西人民出版社.

李懿，李新建，刘翔宇，2018. 技能延展力与员工创新行为的关系研究——工作复杂性与心理安全感的调节作用 [J]. 研究与发展管理，30（5）：104-114.

李召敏，赵曙明，2016. 关系导向型战略领导、人力资源柔性与组织绩效——基于转型经济下民营企业的实证研究 [J]. 外国经济与管理（4）：73-89.

林亚清，赵曙明，2013. 构建高层管理团队社会网络的人力资源实践、战略柔性与企业绩效——环境不确定性的调节作用 [J]. 南开管理评论，16（2）：4-15.

刘善仕，彭娟，邝颂文，2010. 人力资源管理系统、组织文化与组织绩效的关系研究 [J]. 管理学报，7（9）：1282-1289.

刘善仕，周巧笑，黄同圳，等，2008. 企业战略、人力资源管理系统与企业绩效的关系研究 [J]. 中国管理科学，16（3）：181-192.

刘松博，戴玲玲，王亚楠，2014. "松—紧"式领导对员工创造性的跨层影响机制 [J]. 软科学，28（11）：72-75.

刘翔宇，2017. 人力资源双元柔性能力结构维度与作用机制的扎根研究 [J]. 中国人力资源开发（12）：104-115.

刘翔宇，程鑫玥，张迎新，2019c. 双元能力研究述评与未来展望 [J]. 商业经济研究（22）：130-133.

刘翔宇，李新建，2015a. 信息分享对组织外获专业技术人员创新绩效的激发机理研究——以职业技能提升为中介变量 [J]. 管理学报，12（9）：1304-1312.

刘翔宇，李新建，2019b. 核心—边缘型人力资源管理与组织适应性绩效——人力资源柔性能力互动关系的多重中介作用 [J]. 领导科学（5）：97-100.

刘翔宇，李新建，曹霞，2019a. 多重匹配下柔性人力资源管理构型与组织成长性绩效——技能延展力的中介作用 [J]. 科技进步与对策，36（16）：147-154.

刘翔宇，李新建，魏海波，2018a. 基于人力资源管理战略匹配性和双元柔性的柔性组织创建过程——海尔集团的纵向案例研究 [J]. 软科学，32（7）：56-60，64.

刘翔宇，李新建．2015b. 职业技能提升对类联盟雇佣人员创造力的影响机理研究 [J]. 科学学与科学技术管理，36（12）：149-162.

刘翔宇，李懿，韦福祥，2018b. 平台型HRM、人力资源双元柔性能力与组织创新绩效：倒U型关系的独立与互动中介作用 [J]. 科技进步与对策，35（19）：131-139.

刘小浪，刘善仕，王红丽，2016. 关系如何发挥组织理性——本土企业差异化人力资源管理构型的跨案例研究 [J]. 南开管理评论，19（2）：124-136.

罗瑾琏，赵莉，韩杨，等，2016. 双元领导研究进展述评 [J]. 管理学报，13（12）：1882-1889.

马蓝，安立仁，张宸璐，2016. 合作经验、双元学习能力对合作创新绩效的影响 [J]. 中国科技论坛（3）：42-48.

孟繁强，2008. 企业人力资源柔性的类型选择：产品架构与组织能力的匹配导向 [D]. 天津：南开大学．

孟繁强，2010. 战略人力资源管理的匹配与冗余——两种逻辑的形成与耦合 [J]. 经济管理，32
（3）：73-78.

孟繁强，李新建，2010. 技能柔性形成机制研究——基于高级技能工人短缺的思考 [J]. 华东经
济管理，24（5）：99-101.

孟繁强，赵瑞美，李新建，2007. 企业人力资源柔性管理：数量与功能柔性的研究与启示 [J].
科学管理研究，25（5）：95-98.

聂会平，2009. 人力资源柔性及其对组织绩效的作用研究 [D]. 武汉：武汉理工大学.

聂会平，2012. 动态环境中的人力资源柔性与企业绩效——基于战略人力资源管理框架的实
证研究 [J]. 北京师范大学学报（2）：114-120.

聂会平，2016. 构建网络的人力资源实践对组织绩效的影响：人力资源柔性的中介作用 [J]. 北
京工商大学学报（社会科学版）（3）：118-126.

潘新红，李新建，2009. 组织技能柔性研究 [J]. 中国人力资源开发（6）：6-10.

庞大龙，徐立国，席酉民，2017. 悖论管理的思想溯源、特征启示与未来前景 [J]. 管理学报（4）：
168-175.

彭娟，2013. 基于构型理论的人力资源系统与组织绩效的关系研究 [D]. 广州：华南理工大学.

彭娟，张光磊，刘善仕，2015. 人力资源管理系统与组织结构匹配影响组织绩效的实证研究 [J].
华东经济管理，29（6）：113-120.

戚振江，2006. 公司创业情境下人力资源组合策略及其多层次效应分析 [D]. 杭州：浙江大学.

戚振江，2012. 人力资源实践与组织绩效关系综述：基于过程和多层次分析范式 [J]. 科学学与
科学技术管理，33（5）：169-180.

齐旭高，齐二石，周斌，2013. 组织结构特征对产品创新团队绩效的跨层次影响—基于中国
制造企业的实证数据 [J]. 科学学与科学技术管理，34（3）：162-169.

秦伟平，赵曙明，周路路，等，2015. 企业人力资源管理实践对跨功能团队创造力的跨层影响 [J].
管理学报，12（1）：88-95.

苏中兴，2010a. 中国情境下人力资源管理与企业绩效的中介机制研究——激励员工的角色外

行为还是规范员工的角色内行为？[J]. 管理评论，22（8）：76-83.

苏中兴，2010b. 转型期中国企业的高绩效人力资源管理系统：一个本土化的实证研究 [J]. 南开管理评论，13（4）：99-108.

孙少博，2012. 战略性人力资源管理对组织效能的影响研究——基于竞值架构视角 [D]. 济南：山东大学.

汤淑琴，2015. 创业者经验、双元机会识别与新企业绩效的关系研究 [D]. 长春：吉林大学.

王虹，2009. 高绩效工作系统、智力资本与企业绩效关系之研究 [D]. 广州：暨南大学.

王迎军，王永贵，2000. 动态环境下营造竞争优势的关键维度——基于资源的"战略柔性"透视 [J]. 外国经济与管理（7）：2-5.

王玉荣，杨博旭，李兴光，2018. 多重网络嵌入、市场化水平与双元创新 [J]. 科技进步与对策，35（16）：75-82.

魏海波，李新建，刘翔宇，2018. "HRM-竞争战略"匹配模式对组织适应性绩效的作用机制研究 [J]. 管理学报，15（3）：366-374.

肖艳红，卢艳秋，叶英平，2018. 能力柔性与知识管理战略匹配对竞争优势的影响 [J]. 科技进步与对策，35（1）：142-148.

徐国华，2013. 支持性人力资源实践：柔性战略与绩效 [M]. 南京：东南大学出版社.

徐国华，杨东涛，2005. 制造企业的支持性人力资源实践、柔性战略与公司绩效 [J]. 管理世界（5）：111-116.

徐鹏，白贵玉，陈志军，2016. 知识型员工参与激励与创新绩效关系研究——组织公民行为的非线性中介作用 [J]. 科学学与科学技术管理，37（5）：129-137.

严丹，司徒君泉，2013. 人力资源系统柔性与企业绩效——基于动态环境下的实证研究 [J]. 华东经济管理，27（1）：134-139.

殷，2017. 案例研究：设计与方法 [M]. 周海涛，史少杰，译. 重庆：重庆大学出版社.

袁勇志，何会涛，彭纪生，2010. 承诺型人力资源实践与知识共享的作用机制研究——组织内社会资本中介作用的实证检验 [J]. 科学学与科学技术管理（1）：171-177.

张徽燕，李端凤，姚秦，2012. 中国情境下高绩效工作系统与企业绩效关系的元分析 [J]. 南开管理评论，15（3）：139-149.

张一弛，李书玲，2008. 高绩效人力资源管理与企业绩效：战略实施能力的中介作用 [J]. 管理世界（4）：107-114.

张正堂，2012. 战略人力资源管理研究——创造企业持续竞争优势 [M]. 北京：商务印书馆.

赵斌，2010. 企业外部智力型人员的获取动因、管理模式及效果研究 [M]. 太原：山西人民出版社.

赵斌，宇卫昕，李新建，2009. 企业智力型人员外部化配置动因的实证分析 [J]. 科学学与科学技术管理（4）：166-170.

赵红丹，江苇，2018. 双元领导如何影响员工职业生涯成功？——一个被调节的中介作用模型 [J]. 外国经济与管理，40（1）：93-106.

赵瑞美，2010. 企业人力资源管理柔性的动因与效能研究 [M]. 太原：山西人民出版社.

STRAUSS A，CORBIN J，1997. 质性研究概论 [M]. 徐宗国，译. 台北：巨流图书公司.

ARTHUR J B，1994. Effects of human resource systems on manufacturing performance and turnover [J]. Academy of management journal，37（3）：670-687.

ATKINSON J，1984. Manpower strategies for flexible organizations [J]. Personnel management（8）：28-31.

ATKINSON J，1987. Flexibility of fragmentation? The United Kingdom labour market in the eighties [J]. Labour and society，12（1）：87-105.

BADEN-FULLER C，VOLBERDA H W，1997. Strategic renewal：how large complexorganizations prepare for the future [J]. International studies of management & organization，27（2）：95-120.

BAIRD L，MESHOULAM I，1988. Managing two fits of strategic human resource management [J]. Academy of management review，13（1）：116-128.

BARNARD C I，1938. The functions of the executive [M]. Cambridge Mass：Harvard University Press.

参考文献

BARNEY J B, WRIGHT P M, 1998. On becoming a strategic partner: the role of human resources in gaining competitive advantage [J]. Human resource management, 37 (1): 31-46.

BARNEY J, 1991. Firm resource and sustained competitive advantage [J]. Journal of management, 17 (1): 99-120.

BARNEY J, WRIGHT P M, KETCHEN D, 2001. The resource-based view of the firm: ten years after 1991 [J]. Journal of management, 27 (6): 625-41.

BARON J N, HANNAN M T, 2002. Organizational blueprints for success in high-tech start-ups: lessons from the stanford project on emerging companies [J]. California management review, 44 (3): 8-36.

BARON R M, KENY D A, 1986. The moderator-mediator variable distinction in social psychological research: conceptual, strategic, and statistical considerations [J]. Journal of personality and social psychology, 51 (6): 1173-1182.

BECKER B E, HUSELID M A, 2006. Strategic human resources management: where do we go from here? [J]. Journal of management, 32 (6): 898-925.

BECKER M C, 2005. A framework for applying organizational routines in empirical research: linking antecedents, characteristics and performance outcomes of recurrent interaction patterns [J]. Industrial and corporate change, 14 (11): 817-846.

BELTRAN-MARTIN I, ROCA-PUIG V, ESCRIG-TENA A, et al., 2008. Human resource flexibility as a mediating variable between high performance work systems and performance [J]. Journal of management, 34 (5): 1009-1044.

BELTRAN-MARTIN I, ROCA-PUIG V, ESCRIG-TENA A, et al., 2009. Internal labour flexibility from a resource-based view approach: definition and proposal of a measurement scale [J]. The international journal of human resource management, 20 (7): 1576-1598.

CAO Q, GEDAJLOVIC E, ZHANG H P, 2009. Unpacking organizational ambidexterity: dimensions, contingencies, and synergistic effects [J]. Organization science, 20 (4): 781-796.

CAPPELLI P, KELLER Jr, 2013. Classifying work in the new economy [J]. Academy of management review, 38(4): 575-596.

CAPPELLI P, NEUMARK D, 2001. Do high performance work practices improve establishment-level outcomes? [J]. Industrial and labor relations review, 54(4): 737-775.

CAPPELLI P, NEUMARK D, 2004. External churning and internal flexibility: evidence on the functional flexibility and core-periphery hypotheses [J]. Industrial relations, 43(1): 148-182.

CONNELLY C E, GALLAGHER D G, 2004. Emerging trends in contingent work research [J]. Journal of management, 30(6): 959-983.

DELANEY J T, HUSELID M A, 1996. The impact of human resource management practices on perceptions of organizational performance [J]. Academy of management journal, 39(4): 949-969.

DELERY J E, 1998. Issues of fit in strategic human resource management: Implications for research [J]. Human resource management review, 8(3): 289-309.

DELERY J E, DOTY D H, 1996. Modes of theorizing in strategic human resource management: tests of universalistic, contingency, and configurational performance predictions [J]. Academy of management journal, 39(4): 802-835.

EISENHARDT K M, MARTIN J A, 2000. Dynamic capabilities: what are they? [J]. Strategic management journal (21): 1105-1121.

ERICKSEN J, 2007. High-performance work systems, dynamic workforce alignment and firm performance[C]. Academy of management proceedings: 1-6.

FAJOUN M, 2010. Beyond dualism: stability and change as a duality [J]. Academy of Management Review, 35(2): 202-225.

FELDMAN M S, PENTL, 2003. Reconceptualizing organizational routines as a source of flexibility and change [J]. Administrative science quarterly (48): 94-118.

FELDMAN M S, RAFAELI A, 2002. Organizational routines as sources of connections and understandings [J]. Journal of management studies, 39（3）: 309-331.

GUTHRIE J P, 2001. High-involvement work practices, turnover, and productivity: evidence from New Zealand [J]. Academy of management journal, 44（1）: 180-190.

HE Z L. WONG P K, 2004. Exploration vs exploitation: an empirical test of the ambidexterity hypothesis [J]. Organization Science, 15（4）: 481-494.

HSU L C, WANG C H, 2012. Clarifying the effect of intellectual capital on performance: the mediating role of dynamic capability [J]. British journal of management, 23（2）: 179-205.

HU L, BENTLER P M, 1999. Cutoff criteria for fit indexes in covariance structure analysis: conventional criteria versus new alternatives [J]. Structural equation modeling（6）: 1-55.

HUSELID M A, JACKSON S E, 1997. Technical and strategic human resource management effectiveness as determinants of firm performance [J]. Academy of management journal, 40（1）: 171-188.

JACKSON S E, SCHULER R S, 1995. Understanding human resource management in the context of organizations and their environment [J]. Annual review of psychology（46）: 237-264.

JIANG K, LEPAK D P, HU J, et al., 2012. How does human resource management influence organizational outcomes? A meta-analytic investigation of mediating mechanisms [J]. Academy of management journal, 55（6）: 1264-1294.

KALLEBERG A L, 2000. Nonstandard employment relations: part-time, temporary and contract work [J]. Annual review of sociology（26）: 341-365.

KALLEBERG A L, 2001. Organizing flexibility: the flexible firm in a new century [J]. British journal of industrial relations, 39（4）: 479-504.

KAUPPILA O P, TEMPELAAR M P. The social-cognitive underpinnings of employees ambidextrous behaviour and the supportive role of group managers' leadership [J]. Journal of Management Studies, 2016, 53（6）: 1019-1044.

KETCHEN D J Jr, COMBS J G, RUSSELL C J, et al., 1997. Organizational configurations and performance : a meta-analysis [J]. Academy of management journal, 40（1）: 223-240.

KETKAR S, SETT P K, 2010. Environmental dynamism, human resource flexibility, and firm performance : analysis of a multi-level causal model [J]. The international journal of human resource management, 21（8）: 1173-1206.

LEPAK D P, BARTOL K M, ERHARDT N L, 2005. A contingency framework for the delivery of HR practices [J]. Human resource management review（15）: 139–159.

LEPAK D P, LIAO H, CHUNG Y, et al., 2006. A conceptual review of human resource management systems in strategic human resource management research [J]. Personnel and human resources management（25）: 217–271.

LEPAK D P, SNELL S A, 1999. The human resource architecture : toward a theory of human capital allocation and development [J]. Academy of management review, 24（1）: 31-48.

LEPAK D P, SNELL S A, 2002. Examining the human resource architecture : the relationships among human capital, employment, and human resource configurations [J]. Journal of management, 28（4）: 517-543.

LEPAK D P, SNELL S A. 1998. Virtual HR : strategic human resource management in the 21st century [J]. Human resource management review（8）: 215-234.

LEPAK D P, TAKEUCHI R, SNELL S A, 2003. Employment flexibility and firm performance : examining the interaction effects of employment mode, environmental dynamism, and technological intensity [J]. Journal of management, 29（5）: 681-703.

MACDUFFIE J P, 1995. Human resource bundles and manufacturing performance : organizational logic and flexible production systems in the world auto industry [J]. Industrial and labor relations review, 48（2）: 197-221.

MACKINNON D P, LOCKWOOD C M, HOFFMAN J M, et al, 2002. A comparison of methods to test mediation and other intervening variable effects [J]. Psychological methods, 7(1): 83-104.

MARCH J G, 1991. Exploration and exploitation in organizational learning [J]. Organization science, 2 (1): 71-87.

MARTIN-ALCAZAR F, ROMERO-FERNANDEZ P M, SANCHEZ-GARDEY G, 2005. Strategic human resource management: integrating the universalistic, contingent, configurational and contextual perspectives [J]. The international journal of human resource management, 16 (5): 633-659.

MATHIEU J E, TAYLOR S R, 2006. Clarifying conditions and decision points for mediational type inferences in organizational behavior [J]. Journal of organizational behavior, 27 (8): 1031-1056.

MATUSIK S F, HILL C W L, 1998. The utilization of contingent work, knowledge creation, and competitive advantage [J]. Academy of management review, 23 (4): 680-697.

MEYER A D, TSUI A S, HININGS C R, 1993. Configurational approaches to organizational analysis [J]. Academy of management journal, 36 (6): 1175-1195.

MICHIE J, SHEEHAN M, 2005. Business strategy, human resources, labour market flexibility and competitive advantage [J]. The international journal of human resource management, 16 (3): 445-464.

MILES R E, SNOW C C, 1985. Designing strategic human resource system [J]. Organizational dynamics, 13 (1): 36-52.

MILLER D, DROGE C, 1986. Psychological and traditional determinants of structure [J]. Administrative science quarterly, 31 (12): 539-560.

MILLIMAN J, VON GLINOW M A, NATHAN M, 1991. Organizational life cycles and strategic international human resource management in multinational companies: implications for congruence theory [J]. Academy of management review (16): 318-339.

MOM T, VOLBERDA H W, 2009. Understanding variation in managers' ambidexterity investigating direct and interaction effects of formal structural and personal coordination mechanisms [J].Organization science, 20(4): 812-828.

O'REILLY C, TUSHMAN M, 2008. Ambidexterity as a dynamic capability: resolving the innovator's dilemma [J]. Research in organizational behavior (28): 185-206.

O'REILLY C, TUSHMAN M. 2013. Organizational ambidexterity: past, present and future [J]. The academy of management perspectives, 27 (4): 2013-2025.

PFEFFER J, SALANCIK G R, 1978. The external control of organizations: a resource dependence perspective[M]. NewYork: Harper & Row.

PORTER M E, 1996. What is strategy [J]. Harvard business review (11-12): 61-78.

QUINN R E, ROHERBAUGH J A, 1983. A spatial model of effectiveness criteria: towards a competing values approach to organizational analysis [J]. Management science, 29 (3): 363-377.

STRAUSS A L, CORBIN J, 1990. Basics of qualitative research: grounded theory procedures and techniques[M]. Newbury Par: Sage.

TEECE D J, 2007. Explicating dynamic capabilities: the nature and microfoundations of (sustainable) enterprise performance [J]. Strategic management journal, 28 (13): 1319-1350.

TEECE D J, PISANO G, SHUEN A, 1997. Dynamic capabilities and strategic management [J]. Strategic management journal, 18 (7): 509–533.

TSUI A S, PEARCE J L, PORTER L W et al., 1995. Choice of employee-organization relationship: Influence of external and internal organizational factors[C]. In Ferris G R (Ed.), Research in personnel and human resources management. Greenwich, CT: JAI Press: 117-151.

TSUI A S, PEARCE J L, PORTER L W, et al., 1997. Alternative approaches to the employee-organization relationship: does investment in employees pay off? [J]. Academy of management journal (40): 1089-1121.

ULRICH D, BROCKBANK W, 2005. The HR value proposition [M]. Boston: Harvard Business School Press.

VAN IDDEKINGE C H, AGUINIS H, MACKEY J D, et al., 2018. A meta-analysis of the interactive, additive, and relative effects of cognitive ability and motivation on performance [J]. Journal of management, 44（1）: 249-279.

VERBURG R M, DEN HARTOG D N, KOOPMAN P L, 2007. Configurations of human resource management practices: a model and test of internal fit [J]. International journal of human resource management, 18（2）: 184–208.

VOLBERDA H W, 1997. Building flexible organizations for fast-moving markets [J]. Long range planning, 30（2）: 169-184.

VOLBERDA H W, VAN DER WEERDT N, VERWAAL E, et al., 2012. Contingency fit, institutional fit, and firm performance: a meta fit approach to organization-environment relationships [J]. Organization science, 23（4）: 1040-1054.

VOLBERDA H W. 1996. Toward flexible form: how to remain vital in hypercompetitive environments [J]. Organization science, 7（4）: 359-374.

VOUDOURIS I, 2007. The co-evolution of functional and numerical flexibility: do technology and networking matter [J]. New technology, work and employment, 22（3）: 224-245.

WAY S A, TRACEY J B, FAY C H, et al., 2015. Validation of a multidimensional HR flexibility measure [J]. Journal of management（11）: 1-34.

WINTER S G, 2003. Understanding dynamic capabilities [J]. Strategic management journal（24）: 991–995.

WRIGHT P M, DUNFORD B B, SNELL S A, 2001. Human resources and the resource based view of the firm [J]. Journal of management（27）: 701–721.

WRIGHT P M, SNELL S A, 1998. Toward a unifying framework for exploring fit and flexibility in strategic human resource management [J]. Academy of management review, 23（4）: 756-772.

ZHANG Y, LI H, 2010. Innovation search of new ventures in a technology cluster: the role of ties with service intermediaries [J]. Strategic management journal, 31（1）: 88-109.

后　记

本书在很多良师益友的启发和帮助下完成，谨以本书感谢所有帮助、支持我的人！

首先，感谢我的导师李新建教授。从李老师身上，我看到很多优秀的品质。李老师对于工作兢兢业业，很多邮件是早上五六点钟发送的，每篇论文都不厌其烦地给予指导意见，给我讲解如何改善，我常常感动得热泪盈眶。借此机会，向我的导师表达最诚挚的祝福和谢意！

其次，感谢南开大学商学院人力资源管理系的诸位老师。感谢崔勋教授、袁庆宏教授、杨斌教授的悉心指导和学术引领；感谢张立富副教授、王建友副教授、刘俊振副教授的支持；感谢林伟鹏老师、李主泉老师的鼓励。感谢诸位恩师将我领进学术的大门，领悟学术的魅力！

再次，感谢天津师范大学管理学院的领导和同事。感谢韦福祥院长、刘冰院长、张庆红书记、王晔副院长、崔振林副院长、任枫主任、刘宏鹏副教授的悉心指导和帮助，感谢周红教授、张欣旻副教授、徐忠兰副教授、张丽霞副教授、李东侠老师、张党珠老师、杨柳老师、曹金华老师、付婕老师的同事情谊，感谢你们给予我的鼓励和关怀！

最后，我要特别感谢学术合作的良师益友。李新建老师，重视我的每一个学术观点，不断为我传道解惑；韦福祥院长，具有深厚的学术智慧和学术造诣，经常高屋建瓴地为我提出建议，润物细无声地加以启发和点拨；曹霞和瞿皎娇，是志同道合的研究伙伴，我们经常分享前沿学术信息，讨论论文的修改方向，让我受益匪浅；李懿和魏海波，是我的同门师妹和师弟，思维独到缜密，团队讨论经常让我茅塞顿开；陈文春和张迎新，是我的学术挚友，积极努力，时常给我鼓励和帮助；程鑫玥，是我的学生，聪慧勤奋，我们亦师亦友，教学相长。

因本人学术水平有限，本书难免存在谬误之处，欢迎读者讨论、批评、斧正！

刘翔宇

2020 年 3 月 17 日